驕《おご》る権力、煽《あお》るメディア

斎藤貴男
Takao Saito

新日本出版社

はじめに

マスメディアの凋落《ちょうらく》が伝えられて久しい。新聞は部数の減少が著しく、テレビは視聴率が取れない。強い影響力を誇っていた雑誌が相次いで休刊している。背景にはＳＮＳ（ソーシャル・ネットワーク・サービス）の普及と、それにも伴うジャーナリズムそのものに対する不信、こんなものは時代遅れだと決めつけたがる大衆心理などがあるのではないか。

私もしばしば、雑誌などの依頼でそのような状況を取材し、思わず戦慄《せんりつ》させられてしまう場面が珍しくない。単にひとつの産業として捉える限り、もはやマスメディア業界にはこれっぽっちの将来性も感じることができないのだ。

ただ、マスメディアとはジャーナリズムの舞台である。とすれば安易に滅びてもらうわけにはいかない。健全なジャーナリズムが機能しないところに、民主主義は成立し得ないはずだから。

インターネットがあるじゃないか、と思われる読者が少なくないだろう。一理はある。が、新聞、テレビ、雑誌など既存のマスメディアとネットメディアとでは、本質的な特性も、担い手の発想も大きく異なる。ネット社会に本格的なジャーナリズムが馴染むようになるまでには相当の時間が必要だ。

読者の多くは、すでにお気づきのはずである。こうしている間にも、ジャーナリズムのチェック機能が失われつつある状況をよいことに、驕《おご》り高ぶった権力が、暴走している実態を、貧して鈍したマスメディアが、会社組織としての生き残りだけを最優先して権力に迎合し、人々をむしろ彼らに都合よく操っていく役割を買って出始めている無惨を――。

本書『驕る権力　煽るメディア』は、マスメディアと権力をめぐるそんな現状を、報道内容を中心に辿《たど》った〝メディア時評〟の形で見据え、ではどうすればよいのかを、読者とともに考えようとする試みである。容易なことでないのは当然だ。結論的には一人ひとりの市民がメディア・リテラシーを身につけ、高めて、地に堕《お》ちたマスメディアの世界でもなお奮闘しているジャーナリストたちを励ましてくれるといい。ジャーナリストもそれに応えて、みんな各々の立場でより自由に、かつ本当の意味で豊かな未来を目指していこうよという陳腐な話にしかならないのかもしれない。だが、大事なのはプロセスだと、私は考えている。

まずは具体的な現実を深く、広く認識しよう。僭越《せんえつ》ながら、できればその際、個々の事例を読者ご自身の仕事や暮らしに引き付けて理解し、自問自答・思索してみる努力をしてみてほしい。報道の見方・読み方が変わってくるに違いない。

本書はまた、「全国商工新聞」で約5年にわたって隔週連載してきたコラム「メディアの深層」を、アプローチや内容の傾向によって章分けし、まとめたものでもある。第1回目は2015年4月6日号に載った。本書では構成の関係で第2章に置いた（68ページ）ので、関心のある読者は、このページをまず開いていただいてもよいと思う。スタート時の気負った文章を、そのまま残しておいた。

「全国商工新聞」は、家族経営をはじめとする小規模事業者の団体「全国商工団体連合会」が発行している週刊新聞だ。一般の知名度はさほど高くないが、全国の民商（民主商工会）が加盟している全国組織だけに、公称22万部の部数を擁する。中央官庁や大企業のロジックに引きずられた論調になりがちな全国紙と一線を画した同紙の価値観が、私は気に入っている。

匿名での連載だった。そうしてほしいと当時の中山眞編集長に求められた際、いささかムッとしなかったといったら嘘になるが、「書き手の名前にはそれぞれ定着したイメージが付きまとう。この連載では読者に先入観を与えたくない。自由に読んで、考えてもらいたいのです」との意向を聞かされ、共鳴して、同意したのを覚えている。はたして担当編集者である小林俊光さんを通して送られてくる反響の数々は、そんな意図が届いたのだと、嬉しくなるものばかりだった。書籍の読者はどんなふうに読んでくださるのだろうか。

今回、匿名の著者の正体を明らかにしての出版は、連載が１００回を超え、ひとつの節目に達したためである。その中から現時点でも多くの読者に読んでみてほしい原稿を集め、初出以後の動静や私自身の感慨、あるいは脚注などを加筆して、再構成した。

各章のタイトルは、新日本出版社の角田真己さんが工夫を凝らしてくれた。第1章「つくられていく私たちの意識」や第5章「ヘイトとの向きあい方」あたりはとりわけ絶妙で、今、この国でマスメディアを考える場合の、ひとつの判断基準にもなると思う。第2章「メディアと権力の間合いを考える」、第3章「大問題が小さく扱われる」、第4章「『安全』をめぐる報道の危険」も、またしかりである。

マスメディアを論じるのに、批判だけで終始させてはいけない。まして現状においては、産業としての衰退期なのだから、無理やりにでも前を向き、将来に曙光《しょこう》を見いだしていけるような姿勢が必要だ。第6章「良識ある報道にも注目」には、そんな思いで書いた原稿を集めてみた。なお、第5章のラストに置いた「補論――保守論壇劣化への体験的一考察」は、２０１８年秋にマスコミ界を揺るがせた月刊『新潮45』休刊騒動を受け、『世界』12月号に寄せた論考「保守論壇の劣化の軌跡――体験的『新潮45』論」を採録したものである。「全国商工新聞」の連載とは関係がないのだが、目下の時期に刊行するメディア論集には不可欠の内容だと考え、強引に割り込ませた。他の原稿とは筆致がまるで異なっているのはこのためだ。ご容赦いただきたい。

いかなる時代になろうとも、ジャーナリズムは滅んではならない。本書がより多くの人々に読まれ、読者それぞれ、また社会にとって何かの役に立ったら、著者としては望外の喜びである。

中山さん、小林さん、角田さん。またデザインや製本、印刷、広告、販売など、この出版に携わっていただいたすべての人々、そして本書を手に取ってくださった読者に、深く感謝したい。

斎藤　貴男

2019年6月

目次

第４章　「安全」をめぐる報道の危険　141

第1章　つくられていく私たちの意識

芸能人ばかりに批判が向けられるけれど

近頃は誰かが何かを言うと、すぐに「上から目線」の大合唱を浴びる。ネットは罵詈雑言《ばりぞうごん》で溢《あふ》れ、本人がブログやSNSでもやっていた日には、たちまち大炎上だ。

たとえばショートヘアの女優・剛力彩芽さん（23）が2015年11月17日、理美容のイメージアップに貢献した著名人に贈られる「ベストスタイリングアワード2015」の20代女子部門で初受賞。「ようやく来たか！　という感じ」とのコメントに、批判が殺到したという（「アサ芸プラス」11月26日配信）。

少し前だとタレントの福田萌さん（30）が4月に、バラエティー番組で、「私たち夫婦は、自分の力で学歴を摑《つか》み取ってきた誇りがある」と語ったところ、やはり。一歳の娘に知育、英語、音楽の習い事をさせていると公言したことも反感を買ったとされる。ちなみに本人は横浜国大卒で、夫の中田敦彦さん（オリエンタルラジオ）は慶応大卒との由（「ビジネスジャーナル」5月18日配信）。

他にもＡＫＢ48の大島優子さんや女優の広瀬すずさん、俳優の杉浦太陽さんあたりが、しばしばやり玉に挙げられるらしい。統計があるわけではなくハッキリしたことは言えないが、女性が女性の発言に嚙《か》みつくケースが目立つ。

叩かれる側に配慮が欠けていた場合が少なくないのは確かである。叩く側は叩く側で、日頃のウップンをぶつけて憂さ晴らししているだけのような気もするが、格差社会の深刻化に伴うエリート層の「上から目線」が鼻につく時代であるだけに、ある程度は仕方がないのかな、とも思っていた。あまり偉そうな物言いは自分にもマイナス、という常識は世の中に必要だから。

しかし――。

こんなことでよいのか、と考えるようになった。批判の対象は芸能人か、反権力的な識者に限られている。エリート層の「上から目線」には一向に歯止めがかからず、貧しい人間、地位の高くない人間はそれだけで見下されて当然、みたいな空気は強まっていくばかり。

とりわけ政治における状況は酷《ひど》すぎる。かつて福田康夫首相や麻生太郎首相（いずれも当時）の威張った言動に憤り、自民党を下野させた有権者たちが、ここ三年ほどは呆《あき》れるほど従順だ。安倍晋三政権の「上から」どころか「上だけしか見るつもりがない」目線に、真正面から異を唱えるマスメディアも現れない。どんな追及も「その指摘はまったく当たらない」で済ませてしまう菅義偉官房長官が野放しにされている異常事態は、本来ならメディア総出で叩き潰さなければならないはずなのに。

〈何も菅氏だけでない。だが安倍政権が違うのは、この論法による言動が政権を貫いていることだ〉と書いた琉球新報（15年10月5日付「金口木舌」）が、ほとんど唯一の例外か。だが、これとても所詮は一面の名物コラムの一節だ。安倍政権の本質を衝く本格的なルポや論考を読みたい。

（２０１５年12月7日）

もう一言

この傾向はその後も強まり続けている。ウーマンラッシュアワーの村本大輔やローラ、星田英利（ほっしゃん。）らのような、権力の横暴に異を唱える芸能人が血祭りにあげられるのが最近の特徴か。「タレント風情が政治に口を出すな」という理屈らしいが、ダウンタウンの松本人志ら、政権を擁護する芸能人にはその種の批判が向けられにくい現実もある。芸能界の影響力を熟知していると思しき安倍晋三首相は２０１９年４月、吉本興業の舞台に出演して〝お笑い〟の真似事までしてみせた。

お手軽化進んで笑えないテレビ界

2017年4月の番組改編で、俳優の船越英一郎（56）と女優の美保純（56）が、NHK総合テレビの情報番組「ごごナマ」（月～金曜、13時5分～）のMC（番組ホスト）として、連日出演している。22年間続いた「スタジオパークからこんにちは」と、15時台の再放送の両放送枠を統合し、合間のニュースを挟んで延べ3時間も放送される大型番組だ。

役者が本業の2人が、生のワイドショーに出ずっぱりでいられるのだろうか。とりわけ〝2時間ドラマの帝王〟と言われ、「ライフワーク」だとまで豪語していた（「とれたてフジテレビ」16年12月9日配信）船越は？

不思議でも何でもなかった。『女性セブン』（17年4月13日号）の特集「2時間ドラマがなくなる」によると、40年にわたって放送されてきた「土曜ワイド劇場」（テレビ朝日系）が最近、ついに終了した。「月曜ゴールデン」（TBS系）と「水曜ミステリー9」（テレビ東京系）など他局の放送枠も相次いで姿を消していた。主戦場を失った船越の新たな活動の場が、「ごごナマ」だったというわけ。

2時間ドラマは、見ればそこそこ面白い。本格的な映画に比べれば中身はずっと薄いけれど、それだけに気楽に眺めていられる。視聴率だって2ケタをキープしていたはずなのに。

「多くのロケが必要で制作期間が長く、ギャラも高い2時間ドラマはコスパが悪い」と、『女性セブン』で匿名の関係者。イヤな予感がする。この記事には嫉妬深いことで有名な船越夫人でタレントの松居一代（59）の存在を仄《ほの》めかし、船越と〝2時間ドラマの女王〟こと片平なぎさの共演ができないことも理由か、などとの業界オチがついていたのがいかにも女性誌だが――。重要なのはそんなことではない。各局の番組改編を伝えた読売新聞（17年4月3日付夕刊）を読んでみる。

３年連続視聴率３冠王の日テレは、土曜に〈バラエティー番組を３時間連続で放送する〉。テレ朝は土ワイのついでに「日曜洋画劇場」も終了し、〈土日の午後９時台に生放送のニュース情報番組を新設する〉。要は政治や事件をネタにしたバラエティーだ。低迷するフジは、ゴールデンタイムと午後10時以降に〈異なる視聴者層をターゲットにしたバラエティー番組をスタート〉といった具合だとか。

ああ、やっぱりか。栄枯盛衰は世の習いだ。２時間ドラマは新作がなくてもＢＳでいくらでも再放送をやっているのだから、それは、それで、いい。だが、その替わりがバラエティーだらけというのが悲しすぎる。

なぜなら今時のバラエティーなんて、まったく笑えない。自称芸人のヤンキーどもが群れては、吉本興業にあらずんば人に非ずとばかりに仲間ウチのバカ騒ぎ。後輩や社会的弱者に対する嘲笑の連続の、どこが「芸」であるものか。気楽に見られるのがテレビの魅力でもあるけれど、つくり手までが安く、お手軽なのは迷惑だ。

（２０１７年４月24日）

もう一言

２時間ドラマは消えても、事件モノのドラマがなくなるわけではない。刑事モノに限れば、むしろ増加している。かつての刑事ドラマが犯人側の事情を掘り下げ、彼らの悲しみを描こうとしていたのに対し、近年は警察を絶対的な正義として演出したがっているように感じるのは筆者だけだろうか。思想警察の側面を伴う「公安」部員を英雄に仕立てた作品も目立つ。本稿を書いた２０１５年４月当時には、フジテレビ系で「ＣＲＩＳＩＳ公安機動捜査隊特捜班」（主演・小栗旬）が放送されていた。

あるドラマの暴行シーンをめぐって

昼ドラ「やすらぎの郷」（テレビ朝日系、平日12時30分〜同50分）が好調だ。俳優や歌手、裏方などテレビ界に多大な貢献をしたフリーランス（局員を除く）だけが入居できる老人ホームの人間模様。あの「北の国から」（フジテレビ系）の脚本家・倉本聰（82）が全力を傾けたという作品で、上質な内容に仕上がっていた、ような気がする。

ただし2017年8月中旬の展開はいただけなかった。施設内の女性バーテンダー、〝ハッピー〟こと財前ゆかり（松岡茉優）が帰宅途中に襲われ、集団暴行を受けてしまう。事件を知った若いスタッフらが報復を計画。悔い改めた元ワル揃いで実力も十分な男たちは、しかし、3人の老人に行く手を阻まれた。

高倉健を彷彿とさせる高井秀次（藤竜也）、大部屋俳優の原田（伊吹吾郎）、殺陣師《たてし》だった那須（倉田保昭）。彼らは「前途ある若者にそんなことはさせられない」と代打を買って出、敵の根城に乗り込んで、暴漢どもを叩きのめした。

高井が叫ぶ。「覚えておきなさい。ケンカはね、戦争です！」

知性が根こそぎ失われた世相への怒りは大いに共有できる。他人を屁とも思っていないらしい連中をぶちのめしたい衝動も。だがそれにしても、劇中の人気者・ハッピーが、どうしてあんな目に遭わなければならないのだろう。相手の悪質さを強調するにせよ、せめて未遂で済ませてほしかった。

倉本氏の頭にはおそらく、4年前の事件があったに違いない。13年10月、彼の大姪に当たる三鷹市内の女子高校生（当時18）が、ストーカーに殺された。その男がネットに流した彼女の性的な画像も拡散されて、遺族は想像を絶する苦しみを味わった。あまりに愚劣で酷薄な社会と、そんな時代に巣食う野蛮人ども。だから、きっと、倉本氏は……。いや、それでも駄目だ。私見だが、ある世代以上の男性は、女性への性的暴行という行為を軽く表現したがる傾向があるような気がしてならない。

たとえば通俗作家だった石原慎太郎・元東京都知事（84）は、やたらと輪姦《りんかん》シーンを多用した（『完全なる遊戯』など）。教育課程審議会の会長として〝ゆとり教育〟を推進した三浦朱門氏（17年2月に91歳で死去）は、文化庁長官だった1985年、「女性を強姦《ごうかん》する体力がないのは、男として恥ずべきである」などと雑誌に書いていた。

彼らや彼らのような存在をその後も要職に留め続けた現代社会の構成員と倉本氏とは、その品格において、天と地ほどの差があると思う。その倉本氏でさえも、ということなのか――。

さらに言えば、ケンカは個人の意志、戦争は権力者と死の商人が金儲けのために下々を戦わせるものである。一緒であるはずがないではないか。

テレビドラマを動かす価値観は、視聴者に刷り込まれていく。表現の自由が克服しなければならない課題は数限りない。

（2017年9月11日）

もう一言

テレビ朝日系では2019年4月から、続編『やすらぎの刻～道～』（平日12時30分～同50分）が一年間の予定で放送されている。たまたま出先のテレビで流れていたのを見たら、「ハッピー」の後任バーテンダー（草刈麻有）が〝ホッピー〟と名付けられていた。ちょっとふざけ過ぎてはいないか。この間の19年3月には、名古屋地裁岡崎支部で、19歳だった実の娘に対する2件の準強制性交罪に問われた男に無罪判決が言い渡された。ドラマと直接の関係はない。ないのだけれども――。

北朝鮮の狂気ばかりを煽ったメディア

北朝鮮が2017年9月3日、過去最大規模の核実験を強行した。8月29日と9月15日には日本上空を通過する弾道ミサイルも発射して、太平洋上に落下させている。金正恩氏の挑発は、なお止む気配がない。

近頃の報道はこればっかりだ。はたして森友学園や加計学園をめぐる疑惑は吹っ飛んだ。

北朝鮮の暴挙は断じて許せない。だが今、何よりも伝えられるべきは、目下の事態の原因の分析であるはずだ。原因不明のままでは対処のしようがない。

しかるに報道のほとんどすべては、繰り返すまでもない北朝鮮への非難と、日本政府や米国をはじめとする国際社会の対応で埋められた。見るべき指摘もあるにはあるが、敢《あ》えて理解しにくく書かれているような場合が目立つ。たとえば「日経」(17年9月4日付朝刊)は、前月末にグアム島のB1戦略爆撃機とステルス戦闘機F35を朝鮮半島に展開させた米軍に触れ、〈ともに朝鮮半島有事での北朝鮮の主要施設や正恩氏ら指導部への「斬首《ざんしゅ》作戦」での出動を想定した兵器で、北朝鮮は猛反発している〉と解説した。妥当な見方ではあるけれど、唐突に「斬首作戦」と言われても、何のことだかわからない読者の方が多いのではないか。

斬首作戦とは文字通り、米韓両軍の特殊部隊による正恩氏の暗殺計画のことだ。15年6月に発効した「OPLAN★(Operation plan=作戦計画)5015」の柱とされている(朝鮮日報15年10月7日付)。こんな〝秘密作戦〟が大っぴらにされた理由は何かと言えば、要は北朝鮮が米国の主導する国際経済

★朝鮮戦争以降、幾度となく改訂されてきた。5015は5027(大規模地域戦争)と5029(北の体制崩壊に伴う内戦や難民対策)を統合した内容といわれる。

秩序に従順でないためである。
驚く必要はないだろう。実際、イラクのフセイン大統領や、リビアのカダフィ大佐らは、その通りの運命を辿《たど》らされた。ワイドショーの司会者やコメンテーターらによって〝狂気〟としてのみ思い込まされている正恩氏の行動原理も、当事者たちにとっては〝正義〟以外の何物でもなく、しかもそれは、戦後の米国が一貫して追求してきた核の「抑止力」論の当然の帰結でしかないということだ。
このことを知っていないと、中国やロシアが「北朝鮮をあまり追い詰めては危険だ」として経済制裁に消極的な背景が見えてこない。以下のような、やたら勇ましい主張が百害あって一利もない現実も。〈日本は冷戦時代から専守防衛を金科玉条としてきた。周辺国を脅かす意思は皆無であることを強調する意味もあったろう。だが、そのような善意が独裁者に通用することはない。（中略）／まず、ミサイル発射基地・装置を叩く敵基地攻撃能力を導入する。そのうえで、日本攻撃を命じる政治・軍の中枢などを目標とする敵基地攻撃力へと進化させる。〉（産経新聞17年8月30日付朝刊社説）
筆者は言うまでもなく、北朝鮮に与するものではない。だからといって米国支配層の価値観を絶対視できるほど愚かでもない程度の自負があるだけだ。

（２０１７年9月25日）

もう一言

日本の北朝鮮報道には、他のどんな領域にも増して、政府の思惑が反映され過ぎている。２０１８年6月に米朝首脳会談が実現し、つまり北朝鮮問題に日本政府が迂闊《うかつ》な口出しをできない状況になって以降、それまでの憎悪丸出し報道が影を潜めたのも状況証拠だ。かつて〝影の総理〟の異名を取った実力者・金丸信副首相が１９９０年に訪朝し、当時の金日成主席に戦後賠償を約束して間もなく、一気に失脚し、死後もマスメディアではまったく取り沙汰されなくなった事実を想起されたい。

凶悪犯生んだ企業風土にメスを入れたか

長野地裁松本支部で２０１７年11月30日、殺人未遂や放火などの罪に問われていた塩尻市の男性Ｇ被告（45）に、懲役19年（求刑20年）の判決が言い渡され、確定した。事件の概要は以下の通り。

Ｇは大東建託（本社東京）松本支店の営業マンだった。賃貸住宅の提案・建設から入居者の募集・管理までを一括して行う大手企業。11年に入社したＧは、午前２時、３時まで地主への飛び込み営業を強いられながら、〝エース〟と呼ばれるほどの成績を上げるようになった。

だが、そこには無理があり過ぎた。契約金や工事代金の立て替え払い等のための借金を重ねたＧは、大口顧客だった農家のＡさん（当時85、故人）に詐取や窃盗を働き、新規の建築をめぐって態度を変えた彼の自宅に放火した。

また、農家のＢさん（同76）ともトラブルを起こし、やはり放火。ついには彼とその家族の合計３人をハンマーで殴打し、重傷を負わせた。支店長を連れてこいというＢさんの要求を断れず、といって上司にも報告できない。騒ぎを起こせばそれどころではなくなるはずだと考えたのが、犯行の引き金だったと、Ｇは供述したという。

凶悪きわまる連続犯罪だった。ただ、彼の行為の背景には、すべて会社の異常な業務体制があった。ノルマ、パワハラ、架空契約……。契約を取れない状態が３カ月も続くと、「長期無実績者」の烙印《らくいん》を押され、携帯電話のＧＰＳで24時間監視されることもあるそうだ。

……にもかかわらず、判決を伝えた――あくまでもローカルニュース扱いで――報道は例外なく、

Gの実名だけを公表し、勤務先の社名は伏せていた（初めから黙殺した社も少なくない）。具体的な動機にも決して踏み込まず、〈量刑について判決は、賃貸住宅建設の営業マンとして成績を上げるために偽りの契約をした末の犯行と指摘〉とだけ書いた朝日新聞（17年12月1日付長野県版）が、中では最も詳しかったぐらいなのだから恐れ入る。

実際、弁護人が訴えていた職場環境の問題を判決は、「特段酌《く》むべき事情はない」で片づけた。それでも、司法が何と言おうと、ジャーナリズムは権力の下請けではない。ブラック企業の跋扈《ばっこ》が社会問題になっている折、これほどの凶悪犯を生んでしまった企業風土に、メスが入れられなくてよいはずがないのである。

筆者がこの事件を知ったのは、フリージャーナリスト・三宅勝久氏が11月から12月にかけて、「マイニュース・ジャパン」などのネットメディアに発表した取材成果による。元山陽新聞記者で、サラ金や自衛隊員の自殺を追及してきた、信頼できる書き手だ。

大スポンサーとしての大東建託に配慮しているのは、マスメディアばかりではないのかもしれない。司法も、政治も……？　そのようなタブーが、あらゆる領域に広がっているとしたら――。

（2018年1月29日）

もう一言

三宅勝久氏の記事をまとめた『大東建託の内幕――アパート経営商法の闇を追う』は2018年6月に同時代社から発売され、1年足らずで約1万6000万部（7刷）に違した。この種のノンフィクションとしてはよく売れた本といっていい。大東建託側は名誉棄損訴訟をちらつかせる内容証明を版元に送り付けるなどしているが、逆風は止まらない。この間には「大東建託被害者の会」が組織され、逆に集団訴訟が提起されるのではないかとする噂が専らだ。新聞やテレビは恥を知るべきだ。

広がるステマ疑惑

『週刊文春』（2018年4月26日号）が、TBS系の在阪準キー局・毎日放送（MBS）の〝ステマ疑惑〟を報じてから、すでに2カ月が経過した。同局の医療・健康番組「予約殺到！　スゴ腕の専門外来スペシャル」で、明治のヨーグルト「R―1」のステルス・マーケティングを行っていたのではないか、というのである。

すなわち番組に見せかけた広告だった可能性。事実とすれば視聴者を欺く由々しき事態だが、他のメディアは後追いせずに沈黙し、文春による続報もない。BPO★（放送倫理・番組向上機構）も審議の対象にしなかった。

明治「R―1」をめぐるステマ疑惑は、今回で2度目だ。やはりTBS系のローカル局・岩手放送（IBC）の「宮下・谷澤の東北すごい人探し旅～外国人の健康法教えちゃいます⁉」が怪しいと報じたのは、『週刊新潮』の16年12月22日号だった。いずれも限りなくクロに近いと思われるが、当時も今回も報道は状況証拠の提示に止まり、大きな問題には発展しないまま、いつの間にかウヤムヤになってしまっている。

そんな折も折、日本経済新聞の18年6月5日付朝刊が伝えたニュースにショックを受けた。中ほどの面に、わずか3段の小さな扱いで、〈ドラマと広告一体化／フジテレビ、CM離れ防ぐ〉。それによれば、フジが電通と組み、6月20日の深夜、CMのストーリーを本編に組み込んだドラマ「名探偵コジン」を放映するという。〈「アドフュージョン」と呼ぶ仕組みで、ドラマの監督や脚本家がCM作り

★NHKと民間放送連盟加盟各局の出資で2003年に設立された任意団体。視聴者の基本的人権を擁護するため、自主独立の立場から放送へ意見や見解を公表する。

に関わる。スポンサーが宣伝したい商品を番組中に登場させ、視聴者に認知してもらいやすくする〉のだそうだ。

〈ＣＭ部分では画面の上部に「ＣＭ中です」と明示し、視聴者が意図的な演出と分かるようにする〉との記述もあった。しかし、だからといってステマでないとは言い切れない。日経報道の当日に電通が発表したプレスリリースが、〈ＣＭが主人公の性格や特徴の一端をのぞかせる役割を果たしたり、事件の謎を解く鍵になったり〉するのが〈見どころ〉と強調している。

１９９８年のハリウッド映画「トゥルーマン・ショー★★」の世界だ。ＣＭを見ないと理解できなくなるドラマなら、それは番組全体が広告だ。

プレスリリースには、〈今後も当社は、アドフュージョンを「ドラマ＋ＣＭ」にとどまらず、バラエティー、映画、スポーツ、ゲームなど、コンテンツカテゴリーの垣根を超えたところで活用する手法を検討してまいります〉ともあった。テレビの全体がＣＭ化した暁には、何が起こるのだろう。

たとえば憲法改正の発議に臨んで、あらゆるテレビ番組が改憲バンザイで埋め尽くされるのではないか。スポンサーは自民党だけでなく、米国の一部としての海外侵略で巨額の利益を期待できる大企業も、か。番組や記事への広告の侵食は恐ろしいと、私たちは知るべきである。（２０１８年6月25日）

★★人生のすべてを盗撮され、世界220カ国で放送され続けた男の物語。彼や他の登場人物たちの生活はそのままＣＭにもなっている。ジム・キャリー主演。

もう一言

毎日放送のステマ疑惑は、とどのつまりウヤムヤになった。岩手放送の場合は局の番組審議会で問題になり、ＢＰＯ（放送倫理・番組向上機構）で議論されもしたが、正式な審議入りに至っていない。日本民間放送連盟（民放連）の「放送基準」には〝広告は広告放送であることを明らかにしなければならない〟とする旨の条文があり、いずれも限りなく〝クロ〟に近かったと思われるものの、決定的な証拠が出てこなければ、外部から改めさせるのは困難だ。放送人たちのプライドが問われている。

ドラマ自体はいいのだけれど……

ＮＨＫ朝の連続テレビ小説「まんぷく」（２０１８年度下半期）が面白い。主人公の立花萬平を演じる長谷川博己や妻・福子役の安藤サクラ、祖母役の松坂慶子らが織り成す、ユーモアたっぷりの人生劇場。３月末の大団円が楽しみだ。

ただ、気になることがある。朝日新聞（19年3月5日付朝刊）によると、萬平のモデルである故・安藤百福氏が開発したチキンラーメンの18年度の売り上げが過去最高に達したらしい。「朝日」は１面コラム「天声人語」でも、〈お昼にラーメンを食べることが増えた。何しろ毎朝毎朝、めんを作る場面を見せられるのだから〉と、百福氏の気概を讃えていた（2月13日付朝刊）。

ドラマの進行につれて、製造元を擁する日清食品ホールディングスの株価も順調。１月初めの６８３０円が、ラーメンの完成した13日には７５４０円になったと、「天声人語」を受けて書かれた「日刊ゲンダイ」（2月14日付）にあった。

だが、これでよいのだろうか。モデルの正体が周知され、その製品が今なお店頭に並んでいるロングセラーである以上、自然の成り行きではあるのだろう。けれども、「まんぷく」がスタートした昨18年はチキンラーメンの販売60周年で、日清食品ＨＤは一大キャンペーンを展開中だ。テニスの大坂なおみ選手とスポンサー契約を結んだのも、このためだった。

「まんぷく」は史実とも異なる。実際の百福氏は純粋なだけの人物ではなかったし、「マルちゃん」ブランドで有名な東洋水産の創業者・森和夫氏とは因縁浅からぬ関係だった。だから森をモデルにした高杉良の小説『燃ゆるとき』では、百福氏は悪役にされていた。

写真週刊誌『フラッシュ』の3月19日号も興味深い。劇中で萬平の発明とされた揚げ麺とチキンスープの組み合わせは、百福氏が20歳まで育った日本統治下の台湾にあった「鶏糸麺」と同じで、百福氏はこれを日本で商品化した故・張國文氏が出願中だった特許権を２３００万円（現在の貨幣価値で約3億円）の高額で買い取っていたという。記事は契約書の写真付きだったが、『フラッシュ』の取材に日清側は「まったくの別物」、ＮＨＫは「（ドラマは）夫婦の愛の物語」で、「大胆に再構成したフィクション」だと、それぞれコメントしたのみである。

ＮＨＫの公共放送らしからぬ最近の振る舞いに関しては、19年1月21日付の本欄でも書いた（本書128ページ）。「日曜討論」で安倍晋三首相が沖縄の辺野古埋め立てに伴うサンゴの扱いについて述べた嘘を、そのまま放映した問題だ。同局は3月1日の「ニュースウォッチ9」でも、根本匠厚労相を統計不正問題で追及した立憲民主党・小川淳也議員の趣旨弁明を、悪意としか思えない切り取り編集で流している。演説全容との比較対象と論評を、たとえば法政大学キャリアデザイン学部の上西充子教授がネット上に挙げているので参照されたい。

（２０１９年3月18日）

もう一言

案の定と言うべきか、「まんぷく」は終盤になって失速した。視聴率も20％を割ることが増えていたという。そのはず、チキンラーメンの次に描かれたのは１９７１年に発売されたカップヌードル（番組中では「まんぷくヌードル」）の開発ストーリー。それなりに面白くはあったものの、宣伝臭が強くなり過ぎてしまった。２０１３年度上期に放送されて大ヒットした「あまちゃん」以来、人気の出た朝ドラでは必ず聞かれた、放送終了後の「〜ロス」という嘆きも少なかったのは残念である。

ＮＨＫドラマを素直に見れなくなった頃のこと

ＮＨＫ朝の連続テレビ小説「あさが来た」が始まった（２０１５年度下半期）。〈幕末から明治、大正という女性が表舞台に出るのはまれだった時代に、銀行や生命保険など新しい分野の事業に挑戦し、日本で初めての女子大学の設立にも尽力した実業家・広岡浅子さんと、彼女を明るく支えた夫との夫婦の物語〉だと、制作が発表された日のＮＨＫニュースは伝えていた（15年1月14日放映）。

江戸時代も舞台とする朝ドラは初めての由。実在したモデル自身は三井財閥一族の娘だが、ドラマでは「今井」家の「あさ」になっており、全体の脚色も大胆らしい。まだ少女時代の途中だが、まずまず面白くもなりそうだ。

それだけに気がかりな点がある。ドラマのチーフプロデューサーは制作発表の際、「女性の活躍が期待される今」云々と語ったという（共同通信15年1月14日配信）。安倍晋三政権の掲げる政策（当初は「女性の活用」だったが）のＰＲ？　はたしてスタートの３日目には、〈（主人公の）実績は女性活躍の先駆けといえよう〉〈公共放送が光を当てるのは女性活躍という政策の後押しでもあろう〉と書く新聞コラムも現れた（中国新聞15年9月30日付朝刊）。

これだけではない。実業家としての「あさ」は、明治期の殖産興業・富国強兵の時代に開花した。「明治日本の産業革命遺産」の世界遺産登録をはじめ、安倍首相がやたら称揚したがる帝国主義への導入部《イントロダクション》。実際、「あさ」の師匠格として描かれる薩摩藩士・五代友厚は、英国の武器商人トマス・グラバーとの関係が深い政商にほかならなかった。

さらに、浅子が関わった女子大とは日本女子大学、生命保険会社は大同生命だ。特に後者は13年にアメリカンファミリー生命保険（アフラック）と業務提携し、国税庁所管の財団法人だった全国法人会総連合（全法連、現在は公益財団）の会員企業向けにアフラックのがん保険を売っている。

近い将来に国民皆保険制度が解体され、米国の民間医療保険に呑み込まれるかもしれない場合の、あるいは先兵になり得る生保会社。このこともまた、米国の手足でありつつ小ぶりの帝国主義国家を目指す安倍路線には相性がよさそうだ。籾《もみ》井《い》勝《かつ》人《と》会長の〝安倍チャンネル〟の応用編というべきか。テレビドラマひとつ素直に観られなくなった自分自身が恨めしい。頑張っている女優さんたちにも申し訳ないと思っている。

だが、14年上半期の朝ドラ「花子とアン」は、日本文学報国会で戦争協力に積極的だった児童文学者・村岡花子を美化するばかりだったし、続く「マッサン」はニッカとサントリーの、まるでステルス・マーケティングだった。大日本帝国の源流こと吉田松陰を礼讃した大河ドラマ「花燃ゆ」（15年）には言葉もない。近現代史上の人物がモデルの歴史ドラマにはよほど警戒しておかないと、権力の価値観を刷り込まれてしまう。

（２０１５年10月12日）

もう一言

「あさが来た」で「あさ」役を演じた波瑠は１９９１年生まれ。もともと宮部みゆき原作のドラマ「おそろし～三島屋変調百物語」（２０１４年、ＮＨＫ－ＢＳプレミアム）の主人公役などで定評があった彼女は、朝ドラのヒット以来、スター街道を突き進んでいる。16年にはフジテレビ系の「ＯＮ異常犯罪捜査官・藤堂比奈子」で民放の連続ドラマ初主演を果たし、他ならぬ大同生命のイメージキャラクターになった。マイナンバーカードをはじめ、政府広報にも頻繁に登場している。

お祭り騒ぎの中、脇にやられた重大事態

これでも新聞か？　２０１８年6月29日付の朝刊各紙。「朝日」「毎日」「読売」「東京」「産経」のいずれもがサッカーW杯での日本の決勝トーナメント進出を最重要ニュースとして、1面トップで大々的に報じていた。全国紙では「日経」だけが違った。ただし代わりは主要企業１００社の社長アンケート。米国発の貿易摩擦で保護主義が広がれば世界景気のリスクだと懸念する声が7割を占めたと、聞けば当然の結果が、そのまま垂れ流されただけだった。

どう考えても、この日のトップは、前日28日の参院厚生労働委員会での〝働き方改革〟関連法案★の可決だろう。例によってまともな採決の産物ではない。まず自民党の議員が採決を提案し、国民民主党が同意。対する立憲民主、共産、自由、社民の各党は島村大委員長（自民）の解任決議案を提出したが、ルール通りには参院本会議で諮《はか》られず、議院運営委で却下されてしまった経緯があるのだ。

同じ28日には米国を除く11カ国によるＴＰＰ11（環太平洋パートナーシップ協定）関連法案も、参院内閣委で強行採決された。あまりに重大な事態を、「朝日」「毎日」「読売」はW杯の脇で適当に扱い、「産経」と「日経」は2面以降に追いやっていた。

テレビが朝から晩までサッカー一色だったのはいうまでもない。メディアが挙げてお祭り騒ぎに沸き立つ中で、参院本会議はその当日29日、件《くだん》の法案を与党と日本維新などの賛成多数で可決・成立させた。〝改革〟の目玉とされる高度プロフェッショナル制度によって従来にも増す過重労働が招かれる惨状が、かくて確実になった。

★「長時間労働の是正と多様で柔軟な働き方」や「同一労働同一賃金」の実現などを掲げた、労働基準法、労働契約法等８本の労働法を改正するための法律の総称。

法成立を報じる30日付の紙面では、「朝日」や「東京」が強く批判し、過労自殺した電通の高橋まつりさん（当時24）、過労死したNHKの佐戸未和さん（同31）の母親ら遺族たちが無念を表明した記者会見の模様も詳しく報じた。だが決まった後で何を書こうと手遅れだ。

もちろん目下の国会情勢では、事前にどんな報道をしようが、事実上の「働かせ方改革」の強行を阻止することは難しかった。だが、ジャーナリズムの役割は、結果を動かすことだけではない。人々に絶えず考えるための材料を提供し、もってよりよい世論形成の一助となることだ。なのに、このザマはなんだ。スポーツイベントを利用して無茶な政策を押し通そうとする政権の、これでは完全な手先ではないか。

なお、22ページでふれた、フジテレビがドラマとCMの一体化をさせた「アドフュージョン」番組「名探偵コジン」の件。6月30日に放送されたので見てみたが、ものすごく陳腐で、まったく面白くなかった。だが油断は禁物だ。どのみち今回はスポンサー向け。今のところは批判が強まらないよう、無視される出来に止めておいて、水面下で一気に進めてしまう作戦か。誰もが気づく頃には、すべての番組が財界と自民党による〝ＧＯＧＯ！　憲法改正アドフュージョン〟にされている可能性なしとしない。

（２０１８年７月９日）

もう一言

〝働き方改革〟の導入部は、すでに四半世紀近くも前の１９９５年５月、労使関係の使用者側の団体である「日本経営者団体連盟（日経連、現在は経団連と統合されて日本経団連）」が公表した（新時代の日本的経営）と題する提言だった。バブル経済に踊って日本経済を衰退させた経営者たちの責任を不問にすると同時に、被雇用者たちを分断・階層化する目的を帯びていた。マスメディアはあの時も、２カ月前の３月に発生した地下鉄サリン事件の報道ばかりにかまけて、大局を見失っていた。

個人情報をめぐる世代間ギャップ

自分自身の個人情報を企業に提供したくない人は全体の４割。年代別では60歳代が53％で過半数に達したというように、年齢が上がるにつれて抵抗が強く、逆にたとえば18～20歳代は24％にとどまるなど、若い層ほど寛容な傾向が明らかになった。日本経済新聞２０１９年1月21日付朝刊に載った、同紙の郵送世論調査の結果である。

もう少し細かく。「便利になるなら企業にある程度個人データを使われてもいい」と答えたのは全体の７％でしかなかったが、18～20歳代は12％だった。「偽情報対策などは個人の責任」も若年層は81％。60歳代で16％だった「ネットは社会や世論形成に良い影響を与える」が、18～20歳代だと39％にもなっていた。

記事を読んで呆然《ぼうぜん》とした。物心ついた頃からネットの普及とともに歩んできた世代と、そうでない世代とで意識が異なるのは当然だ。その割には大した差ではないとさえいえるかもしれない。とはいえ、あらためて数字を見せつけられると、たまらない思いに苛《さいな》まれざるを得ないのである。

筆者なりの解釈を加えると、中高年の抵抗は、個人情報保護への警戒心だけではない。ネットを支配する「企業」という存在それ自体への不信感を含んでいる。高度成長期の公害や度重なった贈《ぞう》収《しゅう》賄《わい》、バブル時代の悪辣《あくらつ》な地上げなどの経験則だろうか。

一方の若年層は、企業に対してあまりに無防備だ。かねて伝えられていた、７００万人超の会員を持つポイントカード「Ｔカード」を運営するカルチュア・コンビニエンス・クラブ（ＣＣＣ、本社東京）が、レンタルビデオ事業などで収集した会員の個人データを無断で、裁判所の令状がなくても捜査当局に提供していた事実の経緯が、図らずも日経記事の翌22日付各紙朝刊で明らかにされた。

戦前と戦後ほどにも広がった世代間ギャップの溝は、それぞれが求めるジャーナリズムの質をも左右する。新自由主義の横溢《おういつ》でパワーを増す一方の企業行動は、それらに懐疑的な取材活動によってチェックされる必要があるのに、若年層は企業を批判するという行為そのものを嫌悪しているように思われる。それはそれでもちろん、どれほど搾取や不正を常態化させる結果を導こうとも、その世代の総意ということになりはするのだが。

２０１８年の９月まで『週刊金曜日』の発行人だった北村肇氏（元毎日新聞記者、『サンデー毎日』編集長）が最近、従来式の報道を若年層に届けようとする努力は無駄でしかない旨を、『金曜日』時代の体験に照らしながら、しきりに語っているのを思い出す（『創』18年12月号など）。あとは個人一人ひとりの人生観と生き方の問題だ。己を曲げても時流に合わせていくのか、どうせ永遠ではない余生であれば、どこまでも自分を貫きぬいて生き、とどのつまりは滅びるに任せるのか――。

筆者は後者を選ぶ。

（２０１９年2月4日）

もう一言

「日経」は２０１９年4月22日付の朝刊でも、1面トップで「デジタル貧困5・4億人／人の価値、ＡＩがはじく」と報じた。ＡＩ（人工知能）を使って他人のスマホ料金の支払い記録や、フェイスブックの友人データ、ツイッターへの書き込みなどを解析し、その人の信用や将来性を測る技術が開発されて、すでに世界中で商業化されているという。功罪両面に目配りが行き届いた、悪くない記事ではあったが、「人の価値」云々《うんぬん》の見出しには抵抗を覚えた。機械ごときに決められてたまるものか。

五輪エンブレム問題、原因と責任は？

見事なまでに断ち切られてしまった感がある。２０２０年東京五輪の大会エンブレムが白紙撤回に追い込まれた問題★に関する報道だ。

佐野研二郎氏によるデザインに盗用疑惑が浮上してしばらくの間は、新聞もテレビも一応は熱心に取材していた。ただ、大会組織委員会が使用中止を決めるや、たちまち雲行きが怪しくなった。諸々のプロセスに潜む構造的な欠陥を告発する姿勢を示した在京紙は、社説に〈組織委の責任は重い〉と掲げた「毎日」と、〈動かぬ組織委責任重く〉を1面トップの大見出しとした「東京」ぐらい。その他では、〈お粗末だが、やむを得ない措置〉（「読売」）、〈五輪に水さすエンブレム問題〉（「日経」）、〈2年前の沸き立つような興奮は、どこに行ってしまったのか〉（「産経」）などと、素人じみた嘆きばかりが目についた。

何もわからない段階で、〈写真や図柄の転用は明らかに佐野氏のミスだ〉と、1人だけの責任に封じ込めたのは「朝日」である。組織委に対しては、むしろ前向きに、〈今度こそ、世界の人々に、広く愛されるエンブレムを選ぶ責任がある〉（以上、いずれも15年9月2日付朝刊）。

はたして3日以降のマスコミ報道は、新エンブレム選考の準備会やら、損害を受けたスポンサー企業への賠償の話題に終始。雲隠れした佐野氏を追いかけるでもない。

ポジティブ・シンキングも結構だが、それも時と場合による。なにしろこの間の新聞紙面に載った、最も真っ当な論評は、76歳の無職男性による投書だった。

★2015年７月のデザイン決定直後から、ベルギー・リエージュ劇場のロゴと酷似しているとの指摘があった。使用差し止め訴訟まで起こされている。

〈失敗の原因も責任の所在も定かにしないまま、なんとなく事が進んでいってしまう。この国には「責任者」がいないのだろうか〉（「毎日」15年9月10日付朝刊「みんなの広場」欄より）

投書の主はもちろん、例の新国立競技場建設計画がやはり白紙に戻った問題も併せて論じていた。ゼネコン利権でしかなかった企みと、今回のエンブレム問題で、五輪のシンボルはハード面でもソフト面でも地に堕ちた。その中心にいた連中が、にもかかわらず安泰な事態は異常に過ぎる。

この国の政財官界には、もともと〝責任者〟など存在しない。そうさせた責任の一端は、間違いなくマスコミにある。

そんな中で、『週刊新潮』（15年9月17日号）が気を吐いていた。「『エンブレム』審査を『佐野研出来レースにした電通のワル』「辞めて当然なのに居座って恥じない厚顔の最悪コンビ！ サメ脳『森喜朗元首相』とコバンザメ『武藤敏郎元財務事務次官』の往生際」など、タイトルも秀逸。日頃は保守反動の印象が強い同誌だけれど、こと五輪に関わる報道は、どこまでも個々のメディアの放送権や大手スポンサー企業との絡み次第、という現実を見せつけられた。一握りの層の金儲けでしかない五輪など、さっさと返上してしまえ――という声が、この機に盛り上がってこそ健全な社会といえるのではと、筆者は考えるのだが。

（2015年9月18日）

もう一言

本稿執筆当時、筆者は雲隠れしていた佐野研二郎氏のことをずいぶん心配した。ネット上で集中砲火を浴びていただけに、テレビのワイドショーあたりが人手を動員して追いかけまわしたら、切羽詰まって妙な考えを起こさないとも限らない、などと考えたのである。そうならなくてよかった。が、だからといって深層の追及も皆無のままで幕が下ろされてしまうとは。五輪ネタは次ページ以降も少し続けたい。この国のジャーナリズムと民主主義にとって、あまりに深刻な事態であるからだ。

新聞が五輪がらみの事件を追及しないわけ

「朝日」、「読売」、「毎日」、「日経」の全国紙4社が、2020年東京五輪の「オフィシャルパートナー」になった。大会のスポンサーとして、JOC（日本オリンピック委員会）の公式呼称・マークの使用やイベントのタイアップなどの権利を行使する。16年1月22日には各紙の朝刊に社告が載っていた。

五輪のスポンサーはIOC（国際オリンピック委員会）が管理する「ワールドワイドオリンピックパートナー」と、各国の組織委が契約するものとに大別される。後者は100億円以上を提供する「ゴールドパートナー」から、10億～30億円の「オフィシャルサポーター」まで3種類。中間の「オフィシャルパートナー」には60億円以上が求められるそうだ。

新聞4社は今回、このスポンサー料を分け合った。商業主義の蔓延《まんえん》を避ける目的で定められた1業種1社のJOC原則が曲げられた格好だ。この問題を唯一きちんと報じた日刊ゲンダイ（16年1月29日付）によれば、当初は日本新聞協会として取り組む方針だったが、加盟社の足並みが揃わず、このような形に落ち着いたらしい。「オフィシャルサポーター」契約を検討中の社もあり、最終的には業界全体で100億円を超える金額が支出されるのではないかという。

つくづく呆《あき》れる。巨額の投資をしたからには利益を生み出さねばならない。彼らはもはや、五輪については報道機関である前に、ビジネスの当事者なのである。

五輪がらみの事件がまともに追及されないわけだ。全国紙が報道よりも五輪ビジネスを最優先しているから、政府は新国立競技場の建設に巨額の血税を費消できるし、エンブレムが盗作だろうと、組織委の森喜朗会長や武藤敏郎事務総長らは何らの責任も取らずにいられる。

そもそも20年東京五輪は正統性さえ疑わしい。ＩＯＣブエノスアイレス総会で安倍晋三首相が福島第一原発事故による危険を「アンダーコントロール」（完全に制御されている）と述べたのはあからさまな嘘だった。招致をタネに膨張した首都圏の公共事業が資材の高騰や人手不足を招き、東北の被災地の復興を妨げている。開催までにはテロ対策の名目で監視社会化も一気に進められよう。にもかかわらず政治や行政と一体になった新聞には、もちろんテレビにも、五輪がらみに限らず、チェック機能をまったく期待できないとは。

「朝日」と「読売」は、「オフィシャルパートナー」の社告で、それぞれ「報道の面は公正な視点を貫きます」「読者や社会の信頼に応える公正な報道を続ける姿勢は堅持します」と書いていた。できるはずもない言い訳は恥ずかしすぎる。

新聞は消費税の軽減税率でも権力にオネダリしてしまっている。もはや読者の信頼を取り戻すことはできないだろう。

（２０１６年2月29日）

もう一言

２０１８年12月にはフランスの捜査当局が、ＪＯＣの竹田恒和会長に贈収賄の容疑をかけ、本格的な捜査に着手した。19年3月には、6月の任期満了に伴い、という形で辞任に追い込まれている。旧皇族の子孫で政治評論家の竹田恒泰氏の父親でもある恒和氏は、馬術の選手だった１９７４年に運転していた乗用車で女性をひき殺した過去もあったが、マスメディアはどれも一過性の報道だけにとどめてしまった。国際社会における日本の危機的状況を、したがって大方の日本国民は知らない。

五輪報道で脇に追いやられた大ニュース

平昌《ピョンチャン》五輪が終わった。選手たちの健闘には心から喜びたいが、案の定と言うべきか、マスコミはこれまで以上に最低だった。

日本勢のメダルラッシュが始まって以降のお祭り騒ぎは、まだ記憶に生々しい。すべての新聞の1面トップも社会面も、〝日本スゴイ！〟で埋め尽くされた。

まるでスポーツ新聞だ。「朝日」には日刊スポーツ、「読売」には「報知」、「毎日」には「スポニチ」と、それぞれ立派な系列紙があるのだから、宅配定期購読の本紙は1面のソデあたりで軽く報じるに留めて、「詳しくは駅売りの○×スポーツを！」とやればよい。それなら本紙の本分を守り、かつグループ全体の利益拡大も図れる。一石二鳥ではないか。

何が何でも五輪優先の愚劣が、裁量労働＝奴隷労働の危険も、政府の学校への介入を強める新学習指導要領も、もちろん憲法問題も、脇へ、脇へと追いやった。重要なのになかったことにされた大ニュースが、いくらでもあったに違いない。

沖縄国際大学に米軍ヘリが墜落した2004年の大事件を思い出す。あの時も県外のメディアはアテネ五輪に狂奔し続けた。彼らがもっとしっかり追及していれば、沖縄をめぐる今日の状況も少しは真っ当になっていたかと思うと、涙が出るほど口惜しい。

平昌五輪〝報道〟では、かつてない恥も遺された。メダルラッシュ以前は大会運営や開催地そのものに対する罵倒《ばとう》に終始。チケットが売れない、スタッフ宿舎でノロウイルスが拡がったのは不潔だから、等々。こちらは特にテレビのワイドショーで甚だしかった。

寒すぎる天候も、スピードスケート・ショートトラックの日本人選手がドーピング検査に引っかかったのも韓国の陰謀……。断言まではしなくても、そうとしか受け取れない番組だらけだから、その手のイチャモンがネットで広がったこと、広がったこと。

開会式に安倍首相が出る出ないで揉めた余波もあったのだろうか。「慰安婦」問題が原因だったが、とすれば五輪を国威発揚《こくいはつよう》の場としか考えない政治屋に、メディアが丸乗りした醜態。いや、メダリストたちに電話を入れまくる首相を、まるで微笑ましい光景のように伝える彼らには、もはや何を言っても詮《せん》ないのかもしれないが。

こんなマスコミに、それでも多くの人々が操られる。選手たちの凱旋帰国は万雷の拍手で迎えられるのが常だが、ノルディックスキー・ジャンプ女子の銅メダリスト、高梨沙羅選手の場合は違った。2月14日に羽田空港に降り立った彼女には、まばらな拍手だけ。金の期待が叶わなかったためではと、たとえば『週刊新潮』（18年3月1日号）は書いたが、それだけか。ベンツに乗っているとか化粧が濃いとか、彼女に対する同誌自身（1月4・11日合併号）の揶揄《やゆ》が、大衆の卑しさに火をつけてしまったのだと、私は思う。2年後の東京五輪が恐ろしくてならない。

（2018年3月12日）

もう一言

平昌五輪といえば、最近読んだチョン・スチャン著、斎藤真理子訳の『羞恥《しゅうち》』が印象的だった。3人の脱北者（経済的困窮などの理由で北朝鮮から脱出した人々のこと）が家族を失いながら辿《たど》り着いた韓国で、いかに生き、死んでいったかが描かれる。過剰なまでの罪悪感、平昌五輪の建設特需に沸き、経済至上主義も極まった町……。あくまでもフィクションではあるのだけれど、現実があったからこそスチャン氏は創作意欲を掻き立てられたはずだ。日本だけがダメなわけでもないのだろうか。

東京五輪、大混乱の警告も報じられず

２０１８年5月26日付の朝日新聞土曜版「be」に、衝撃的なニュースが載っていた。２年後の東京五輪で、首都圏の鉄道駅が大混乱を来し、対策が講じられなければ住民生活が大打撃を受ける見通しが明らかにされたのだ。

試算したのは中央大学理工学部の田口東教授。数理モデルを使って実社会の諸課題を計算する専門家で、17年に日本オペレーションズ・リサーチ★学会の最高賞に輝いた人物である。

首都圏の鉄道利用者は1日約８００万人。最も競技が多い日の観客は約66万人と見積もられ、利用者が1割近くも増える計算だ。試算によると、午前6～9時には乗車率２００％超の電車が１・５倍となり、ＪＲ山手線と周辺の13の駅で滞留客が通常の2倍を超える。すると、どうなるか。

〈人々は前にも後ろにも進めず、乗り降りできなくなる。8時半前後のラッシュのピークに、13駅で乗り入れている全ての路線の電車が立ち往生し、東京圏の電車の運行はほぼ全面的に止まる〉。

きわめて重大な警告だが、「be」は週末の別刷りだ。カラー広告の収容を目的にした紙面での特ダネとは不自然だと考えてデータベースを検索したら、「朝日」はこの話題を、すでに5月1日付朝刊で報道済みだった。なぜか第2社会面での目立たない扱いだったので、読み落としてしまっていた。

田口教授は「朝日」の取材に、時差出勤や休日の振り替え、テレワークなどで通勤客を2～3割減らせれば対応できると答えている。だが音頭を取るべき五輪組織委や東京都の動きは鈍いという。あまりといえばあまりの無責任と呆《あき》れざるを得ない。仮にそれなりの備えが可能だとしても、どうして

★数学や統計学、行動科学などを駆使して問題解決に当たる意思決定技法。第２次大戦中の英米で、兵団や艦隊を効率的に動かす軍事戦略として発達した。

五輪の開催に何らの責任もない一般の住民や民間の事業者が、一方的な負担を強いられなければならないのか。

深刻すぎる試算を、「朝日」以外の全国紙は報じなかった。全国紙各紙が東京五輪の「オフィシャル・パートナー」と呼ばれるスポンサー契約をJOCと結んでおり、つまり五輪については報道機関ではなくビジネスの当事者になってしまっている結果と推察される。テレビは情報系の番組が多少は伝えたようだが、例によってまともな批判は伴わず、面白がって見せるだけに終始していた。メイン会場となる新国立競技場の建設に当たっていた現場監督が17年春、過労自殺に追い込まれた事件など、完全になかったことにされている。

5月6日付の東京新聞朝刊には、〈ロンドン／殺人事件急増／2月はNY抜く／テロ対策優先で警察予算削減〉という記事が載った。見出し通りの内容で、ただし相対的に犯罪捜査が軽視されるようになった契機が12年ロンドン五輪だった経緯や、治安の悪化の背景に階層間格差のいっそうの拡大があると見られる状況は触れられていない。五輪以降の東京がどうなるのかが目に浮かぶ。

（2018年6月11日）

もう一言

田口教授の試算はこの間、テレビを中心に、それなりに報じられるようにはなった。とはいうものの、それらは五輪の深刻すぎる弊害を告発するというよりは、政府や東京都が採ろうとしている無茶な対策の数々を正当化させる材料に使われた感が強い。たとえば総務省や内閣府の主導するテレワークや、東京都が企業に促している時差出勤だ。私たちの仕事や生活のいちいちが五輪という国策に左右されなければならなくなることへの疑念が伝えられない広報を、〝報道〟と呼んでよいものか。

本質を理解しない増税延期報道

つくづくパフォーマンスだけが幅を利かせる世の中だ。小泉純一郎政権時代の〝劇場政治〟とも次元が違う。権力のチェック機能たるべきジャーナリズムがまた、安倍晋三政権の原始的なやり方に手もなく捻られ、意識してか無意識にか、彼らの国民支配を容易にする側に回ってしまっている。

きわめつけが2016年6月1日、翌年4月に予定されていた10%への消費税増税を2年半延期するとした、安倍首相の記者会見をめぐる報道だ。翌2日付の在京各紙の社説は、大きく二通りの論調に分かれた。延期は社会保障の財源を失わせるのでけしからんとする「朝日」、「毎日」の陣営と、安倍政権には何でも賛成の「読売」と「産経」と。増税の延期自体は「妥当」としながら安倍政治全体の是非を問えと強調した「東京」と、とりあえず評価を留保し、不透明な要素を列挙するのみにとどめた「日経」の視座は、一定の見識を感じさせるものではあった。

「読売」や「産経」の御用新聞ぶりは度《ど》し難い。だが、本稿ではむしろ「一見リベラル風」側の罪を示そう。〈とても納得できる説明ではない〉と書き出した「朝日」も、〈いかにも強引な理屈だった〉の「毎日」も、実は批判の体をなしていなかった。

消費税という税制の本質をまったく理解していない。徴税当局の宣伝だけに基づいて、増税が本当に社会保障の充実に直結すると信じ込んでの論理展開だ。すでに施行されている社会保障制度改革推進法や、その実行のためのプログラム法が、政府や自治体の責任を軽く設定し、社会保障の基本思想を「公助」から「自助」すなわち自己責任原則へと変質させた事実を、完全に黙殺している。安倍政権の流れが続く限り、消費税率がどれほど引き上げられても、社会保障の惨状は変わらない。「朝日」や「毎日」の主張は無意味かつ、かえって政権の思惑をカムフラージュする効果を帯びる道理だ。

各紙はまず、見えすいた人気取りの手口を検証すべきであった。8%への増税やアベノミクスの弊害で破滅寸前の零細事業者や末端の労働者が、さらなる増税というトドメを刺さずにいてくれた殺人者に感謝して、参院選で自民党を支持するよう仕向けた人でなしのやり方を。「産経」だけは先回りして、延期が反発を受けまいとする〈安易な見方〉が首相にあるとしたら〈大きな間違い〉だと強調していたが、語るに落ちた。

何よりも問題なのは、増税の延期はイコール新聞への軽減税率★適用の延期でもあることへの言及が皆無だった点だ。新聞社の経営陣や、雇用されている編集幹部は、万が一にも19年10月までの間に政権の気が変わらないよう、権力の意向に本気では歯向かうまい。千載一遇《せんざいいちぐう》のタイミングを、憲法改正の野望に臨んで安倍政権が利用しないはずがないではないか。

新聞はまさに当事者そのものなのだから、取り上げにくいのは当然ではある。だが、書くべきことを書かないのなら、ジャーナリズムに存在意義はないのだ。

（2016年6月13日）

★特定の商品・サービスの消費税率を例外的に低く抑える制度。次の増税では飲食料品と、週2回以上発行される新聞の定期購読（宅配）への適用が決まっている。

もう一言

10%への引き上げはこの間にも2019年10月へと延期され、同年7月の参院選挙を控えた本書の編集時点でも、再々再度の先送りが囁かれている。いずれにせよ次の増税時、飲食料品と定期購読の新聞の消費税だけは8%に据え置かれると決定済みだ。増税が低所得者の生命にも響きかねない飲食料品と新聞とは事情が違う。なのになぜ？　業界団体の日本新聞協会が自民党にオネダリした結果だ。オネダリされた権力が求める見返りは何だろう。安倍首相になったつもりで考えてみてほしい。

年金騒動の陰で消費税増税か

安倍首相は2019年6月19日に行われた党首討論で、衆院を解散する考えはないと明言した。かねて囁《ささや》かれていた衆参同日選は消え、7月の参院選は単独で行われることになる。金融庁の金融審議会の報告書★に記載された〝高齢夫婦が30年生きるには、公的年金の他に2000万円が必要〟とする試算が、政権与党に不利に働く危険を避けた格好だ。

実際、この問題で安倍政権の基盤が大きく揺らがないようではおかしい。政府の年金PRはみんな嘘だったことが明白になった上、事後の対応も不誠実きわまりないのだから。

だが、何か変だ。マスコミも今しばらくは政府批判のマネゴトを続けるのだろうが、世論はいずれ、彼らの思惑通りに仕向けられていく、のではないか。

麻生太郎金融担当相（兼副首相兼財務相）は、件《くだん》の報告書を「受理しない」と述べた。受け取らなければ何もなかったのと同じこと、とさえ考えているらしい態度には呆《あき》れるが、私たちにとってもまた、彼らをいくら批判し、仮に打倒できたところで、年金だけで老後の生活が賄えない現実は消えない。

読売新聞（6月15日付朝刊）の社説が書いていた。〈公的年金への不安を殊更にあおるのは、非生産的と言わざるを得ない。政府と与野党は、超高齢化社会への備えについて、冷静に論じるべきだ〉。

またぞろ御用新聞が政府の責任逃れを、と腹が立つ書き出しではある。とはいえ、後段には同意するしかない。問題は、この「読売」だけでなく、一連の騒動をめぐる報道から、肝心要の論点がすっぽり抜け落ちていることなのだ。

★同審議会の市場ワーキンググループが6月3日に公表。金融事業者向けに、だから老後が不安な高齢者の需要に叶う商品開発を、と呼びかけるのが本来の目的だった。

政府の基本的な考え方をなぜ報じない？　国民の生存権を約束してくれているはずの社会保障における政府の役割は、13年に成立した社会保障制度改革プログラム法で〈自助・自立のための環境整備等の推進を図るものとする〉と、極端に矮小《わいしょう》化されてしまっている。

何もかもは自己責任。社会保障の〝充実〟が目的とされた消費税増税の大義名分も嘘だった。実態を敢えて伏せつつ増税の旗を振ってきたマスコミ各社が、今後はどう動くか。

〝超高齢化社会への備え〟はさらなる消費税増税以外にないとする論陣で足並みを揃えていくのではないか。消費税率10％の次は15％だ、20％だ、いや30％だといった主張がメディアに溢《あふ》れる光景が、今から目に見えるような気がする。

日本経済新聞（6月14日付朝刊）の商況欄コラム「大磯小磯」が興味深い。老後資金が足りないと、みんなが貯蓄を始めた場合、その行き先が問題だとして、〈国内に魅力的な投資機会があれば、そこに個人の資金が流れ、高いリターンを生み、個人も企業も潤い、次の投資・消費という好循環を生む〉。そのためには〈潜在成長率を引き上げる規制緩和など構造改革は避けて通れない〉。丸ごと金融審議会の報告書のようだった。

（2019年7月1日）

もう一言

党首討論の2日後、政府ははたして2019年10月の消費税率10％への引き上げを明記した「経済財政運営と改革の基本方針（骨太の方針）」を臨時閣議で決定した。参院選を控えて延期する可能性も大きいと伝えられていた中で、予定通りの増税を掲げて選挙戦に臨むことになる。本稿が指摘したようなマスコミ論調の展開を見越して、いや、おそらくは今、このタイミングだからこそ大増税を叫ぶのが〝責任ある政党〟なのだというイメージを、彼らを通じて国民に刷り込むことへの自信というべきか。

増税問題に絡むある経済理論の報道

4月17日付の朝日新聞朝刊に、実に興味深い記事が載った。経済面の上部全3段を使った〈MMT（現代金融理論）／異端の経済理論　日米で論争〉がそれである。有力な提唱者ステファニー・ケルトン・ニューヨーク州立大学教授の談話と、「論争」の概要などが、簡潔にまとめてあった。

MMTとはModern Monetary Theoryの略語だ。記事中の〈「独自の通貨を持つ国の政府は、通貨を限度なく発行できるため、財政赤字が大きくなっても問題はない」という考え方が中核。政府が財政を拡大し過ぎることは財政破綻《はたん》を招きかねないとされてきたが、インフレ率が一定の水準に達するまでは財政支出をしても構わないと考える〉と書かれた解説だけではわかりにくいので、補足しながら話を進めよう。

積極的な財政出動を諒《りょう》とするケインズ主義から派生し、1990年代に確立した理論とされる。実際、個人と違って国家には寿命がないのだし、どれほどの財政赤字だろうと、バクチでスッたわけでもない。極端な話、子々孫々にまでツケ回しし続ければよいのではという疑念は、筆者にもあった。素人考えで恐縮ですが、と財政学者に尋ねても要領を得ず、どうにももどかしい思いをしたことも。MMTが解答になり得るのだろうか？

ところが日本では、MMTなどという代物は、つい最近まで、まったくといってよいほど報じられてこなかった。政府がやたら財政危機だ、このままでは国が破綻するから消費税増税だと煽《あお》りまくってきたのだから、なおのこと注目されるべきだったＭＭＴの存在が、日本国民にも少しは知られ始めたのは、ようやくこの4月4日。参院決算委員会で、10月の税率引き上げ予定に反対している西田昌司氏（自民党）が持ち出して、政府に財政支出の拡大を求めたのだ。

「朝日」はこの時も、翌日の朝刊で質疑応答の内容を報じている。それによれば、ＭＭＴに対して麻生太郎副首相兼財務相らは否定的な考えを述べたが、安倍晋三首相は〝無駄な支出〟への戒めを強調しつつ、西田氏への共感を滲《にじ》ませもしたという。前月19日には西田氏とやはり増税反対論者の藤井聡・元内閣官房参与（京都大学教授）を交えて2時間超にわたり会食していたとも、「朝日」は書いていた。そして冒頭に紹介した17日付の解説記事である。

してみると、これらはこれらでまたぞろ参院選直前の増税延期で集票を図る安倍首相への援護射撃か、はたまた純粋な報道か。なんとも断定し難いが、この間の15日には件《くだん》のケルトン教授が２０２０年の大統領選に野党民主党からの出馬を表明したバーニー・サンダース上院議員の政策顧問に就くとの報を、時事通信が配信している。一連の政治・経済・外信報道を検討していくと、安倍首相の目論見が見えてくる。ちなみに「朝日」以外のメディアは、ほとんどＭＭＴに言及していない。

（２０１９年4月29日）

もう一言

ＭＭＴを解説した4月17日付の「朝日」朝刊には、すでに退任が決まっていた経済同友会の小林喜光代表幹事（三菱ケミカルホールディングス会長）による、最後の記者会見の内容も合わせて載っていた。消費税率引き上げによる財政健全化を提言し続けたが実現しなかった任期中を振り返り、「むなしい。今さえよければ、自分さえよければという考え方が国をだめにする」と語っていたという。消費税は弱者の富を強者に移転する税制だ。どちらが「自分さえよければ」だ、と思った。

オネダリの見返りにプロパガンダか

たとえば日本経済新聞の2018年5月15日付朝刊1面トップ。〈消費増税後に需要喚起／減税拡充、住宅・車購入しやすく／政府・与党年末までに制度設計〉の大見出しで、2019年10月に予定される消費税増税に臨んで、政府の作業部会が検討している〈増税ショックを軽減する〉対策案を報じた。

それによれば、消費税増税で買い控えが予想される住宅と自動車については別の税制で優遇するとか。いかにも恣意《しい》的だが、それ以上に看過できないのは、見出しにはない〈「消費税還元セール」を禁じた転嫁策特別措置法の見直し〉だ。14年4月の前回増税の際に商品価格が跳ね上がり、消費が減退したのはこの法律のせいだから、今回は〝還元セール〟を解禁してしまおう、というのである。

冗談ではない。そんなことになったら、スーパーなどの大型店舗は必ず、納入業者に値引きを強要する。弱い立場の事業者には死活問題だ。実際、そうなるとわかりきっているからこそ、禁止措置が採られたのではなかったか。現実にどの程度の実効性を伴ったのか否かはともかく、原則自由よりはマシであることは確かだろう。

にもかかわらず「日経」は、〝還元セール〟を礼賛している。本文中では〈消費税増税〉と正しく表記しながら、見出しには〈消費増税〉の俗語を用い、予備知識のない者に、小売り段階でのみ課されるのが消費税だと思い込ませる手口も相変わらずだ。

要するに、政府が掲げる〝増税ショックの軽減〟とは、納入業者や下請けなど、弱い立場の事業者にクッション役を押し付けるものでしかない。仮にも経済専門紙を標榜《ひょうぼう》する「日経」は、しかしそんな不公正には目もくれず、ただただ徴税当局と価格支配力のある大企業の利益のためだけに、世論を誘導する役割を買って出ている。

消費税の報道は絶望の極みだ。〝還元セール〟解禁の方向を最初に伝えた「朝日」（18年5月6日付朝刊）は、一方で政府が、納入業者などへの値引き強要が起きないよう、〈引き続き監視する考え〉だと書いていた。これが事実なら〝還元セール〟は成立し得ないので、記者は当局とグルなのか、彼らの大嘘を見抜く能力も持ち合わせていないかのいずれかだということになる。

政府御用達の「読売」に至っては、さらに凄まじかった。18年5月9日付朝刊社説〈消費増税対策今度こそ景気減速を回避せよ〉の主張は、〈小売りが仕入れ先に消費税分を負担させてはならない。その上で、小売価格をすぐには引き上げない「消費税還元セール」を認めてはどうか〉。殺すのはダメだが、顔面にパンチを100発は打ち込め、と言っているかのような。

いい気なものだ。国家財政を憂えつつ、中小零細の事業者に一方的な負担を強いたがる大新聞は、自らの商品には軽減税率の特別扱いを勝ち取ってしまっている。オネダリの見返りとしてのプロパガンダを報道とは呼ばない。

（2018年5月28日）

もう一言

消費税とは一般の思い込みとは裏腹に、複雑きわまり、不公平・不公正も甚だしい税制だ。原則あらゆる商品・サービスの全流通段階で課せられる、納税義務者は各段階の年商1000万円超の事業者だというイロハのイさえ、大方の人々は知らない。「消費税」のネーミングは意図的なミスリードにほかならず、「消費増税」が誤解を増幅させる。とはいえ本来あるべき「取引税」「取引増税」の呼称をいきなり提示しても伝わらない。せめて「消費」と「増税」を直結させせない表現を心がけよう。

年金報道、政府や企業の宣伝か

はたして2018年GWで、モリ・カケ問題や南北朝鮮の関係改善プロセスで蚊帳《かや》の外に置かれた安倍首相の責任を問う報道は止まった。とはいえ連休明けに再開されない保証もないので、この点はとりあえず保留。今回はやや地味だが、実はきわめて重大なテーマについて書く。

日本経済新聞が朝刊1面トップに、〈企業年金も人生100年時代／拡充や支給年齢上げ実施3割／雇用延長拡大に対応〉と打ったのは4月13日だ。それによれば、最近、社内の年金制度を変更したか、変更の予定がある企業が全体の31%。検討中が22%だった。

65歳まで働く人が増えたことが最大の理由という。内閣府の調査では、60~64歳の男性の77%、女性の51%が就業中とか。高年齢者雇用安定法改正で、企業が希望する従業員に定年の引き上げなどで応える義務を負ったためである。

したがって制度変更の主流は支給開始年齢の引き上げだ。その分だけ運用期間が長くなるので、「日経」は〈年金財政が好転するケースもありそうだ〉と歓迎。公的年金の受給開始年齢を希望者には70歳超にできるように、という政府方針に関する記述をこれに続けた。

だが何のことはない。政府はこの2日前の4月11日に、財政制度審議会で厚生年金の支給開始年齢を現行の原則65歳から68歳へと引き上げる案を提示していた。70歳超云々《うんぬん》という公的年金全般の流れの一環で、ただしこの場合の対象は希望者ではなく全員だ。

社会保障費の抑制に躍起な政府の強硬姿勢がよくわかる。そして「日経」の1面トップは明らかに、この政府案を受けた企画だった。

そこには、〝社会保障の充実〟が謳《うた》われた消費税増税の大義名分との矛盾を衝《つ》く意志など欠片《かけら》もない。〝元気な高齢者〟という一部の存在を前提に全体を括《くく》り、健康寿命の個人差や個々の生き方、年金が必要なのに受け取れない層が拡大される懸念等に向き合う態度が決定的に欠けている。

政府やその意に沿った企業社会の宣伝機関のようなスタンスは、しかも「日経」だけの話ではない。2017年1月に日本老年学会と日本老年医学会が、一般に65歳以上とされる高齢者の定義を、75歳以上に改めるべきだとする提言をまとめた際も、ほとんどの全国紙は社説で取り上げようとしなかった。学会と政府が気脈を通じている可能性を追う報道も皆無に近い。頑健でない高齢者の切り捨てが加速し始めた現在、メディアの政府広報機能はいっそう進んではいまいか。

そんな中でも光って見えた1本を紹介したい。厚生年金と国民年金の合計で160兆円にもなる運用資産額に政府が触れず、ただ国民の年金不安が強められれば、〈国が主導する生涯現役社会の完成だ。「70歳まで働けなかったお前が悪い」と言われかねない社会になることを危惧《きぐ》する〉。本質を抉《えぐ》る記述は、しかし記事ではなく、読者による投書だった（「朝日」4月22日付朝刊大阪本社版「声」欄）。

（2018年5月14日）

もう一言

「人生100年時代」の用語がすっかり定着した。秀逸なコピーライティングだが、草の根から広がった表現でも何でもない。2017年9月に官邸が設置した有識者会議「人生100年時代構想会議」（議長・安倍晋三首相）に端を発している。平均寿命が延びたからといって、老境の生き方を政府ごときに指南される筋合いなどあってたまるかと思うが、実態は高齢者の社会保障費を削減することによる生産性〝向上〟のカムフラージュではないのか。早死にする人は多い。個人差にこだわろう。

EU離脱を断罪する報道への違和感

「英国は実利より、一時の快感を選んだのか」と書いたのは、「朝日」の朝刊1面コラム「天声人語」（2016年6月25日付）である。星新一の代表作『マイ国家』の、自宅を独立国だと思い込んだ主人公に英国民をなぞらえ、笑い者にしていた。同じ趣旨をやや格調高く言い換えたのが、同日付の社説「内向き志向の連鎖を防げ」だ。いずれも英国の国民投票で、EUへの残留よりも離脱を求める票が過半数を占めた結果に対する論評だった。

「朝日」だけではない。日頃は二極分化ばかりを指摘される全在京紙が、第2次大戦後の平和は自由貿易体制のおかげなのにと、英国民を国際秩序の破壊者呼ばわりしている。「日経」の朝刊1面コラム「春秋」に至っては、ここまで罵倒《ばとう》した。

〈世界史のなかでナチスほど「民意」をよく問う政権はなかった――。（中略）かの独裁者は国民投票の特質を知り抜いていたのだろう。（中略）魔物のような「民意」を恨んでも遅い〉（16年6月25日付）

どのメディアも、EU離脱を選ぶ心性を「内向き」だと表現した。米国のトランプ、フランスのルペンらに象徴される、世界的な右翼勢力の台頭と同一視して、グローバリズムへの反感イコールポピュリズムであり、排外主義だと断罪する論調が、いつの間にか日本国民の常識にされつつあるようだ。なるほど移民の急増を恐れたとされる英国民の心理は、自然ではあっても危険な側面を伴う。だが、イコール排外主義と断じられるほど単純でもない。私たちはどうして、自由貿易体制を絶対不可侵の教養として妄信させられ続けなければならないのか。

戦後のグローバリズムは第3次大戦を予防した可能性もあるかもしれないが、一方では服従しない国や地域の人々の、米軍やNATO軍による大量殺戮《さつりく》を招きもした。しかしてEU離脱をめぐっては、〈ロシアのプーチン大統領はEUの足並みの乱れを奇貨とし、ウクライナ問題を巡る対露制裁の解除を画策している〉(「読売」16年6月25日付社説)、〈ほくそえんでいるのは、腕力で国際秩序を挑発するロシアや中国ではないか〉(「産経」同6月26日付朝刊1面コラム「産経抄」)式の、絶えず仮想敵国を示唆したがる、旧態依然の帝国主義的な発想を剝《む》き出しにしたものが珍しくもない。いずれ、英国民の意志は利敵行為であり、今後は仮想敵国扱いが妥当だ、という論法に行き着いてしまうのでは、と怖くなる。

新聞記者のOBらが発行しているウェブマガジン「メディアウォッチ100」(16年7月1日付)に掲載された戸塚章介氏(毎日新聞印刷局OB)の論考が、わずかに興味深かった。EU離脱の世論は右派だけでなく左派にも支持されたとして、〈一連の金融危機に対して、金融資本の保護しか考えない、そのためには労働者・国民に際限のない犠牲を強いる、そんなEUの現状に対する「絶縁状」と見た方が正しいのではないか〉という。思わず膝を叩いたことである。

(2016年7月11日)

もう一言

この問題をめぐる英国内の情勢は国民投票後も迷走を続け、EUは2019年4月に設定されていた離脱の期限を半年後の10月まで延期することを認めた。メイ首相は協定案への反対を繰り返す与党・保守党の離脱強硬派と距離を置き、最大野党の労働党に協力を求めるようになったが、こちらはEU関税同盟には残留したい意向を示して、事態はなかなか進展しない。複雑化を増す一方の展開に、日本の新聞は腰が引けた。事はグローバルビジネスの論理だけで語れるほど単純ではないのだ。

『華氏451度』？　駅から雑誌が消える

いかにも現代日本における『華氏451度』ではないか。要は焚書《ふんしょ》である。日本経済新聞（2018年8月30日付朝刊）が大きく報じた「駅ナカ雑誌消滅の危機」を読んで、直ちに抱いた感想だ。

それによると、公益財団法人・鉄道弘済会が、JR駅構内のキヨスクやコンビニ型店舗「ニューデイズ」などへの雑誌の卸売りから、この10月にも撤退する。出版取次大手のトーハンが後を引き継ぐが、見通しは甘くない。トーハンもお手上げとなれば、駅での雑誌販売は消えてなくなる。

撤退の理由は、雑誌卸の売上がピーク時の10分の1にまで減少したためだとされる。また関係筋によれば、鉄道弘済会は同じ事情を抱えた新聞の駅売り卸からも撤退するようだ。こちらは即売会社が対応していくというのだが、やはり前途は厳しい。

だから『華氏451度』なのである。レイ・ブラッドベリが1953年に発表したSF小説だ。舞台は、読書が禁じられ、あらゆる情報が映像や音声によってのみ伝えられる近未来。読書が犯罪になる世界で、人間はただ操られるだけの生き物と化していく、のだが――。

紙は華氏451度（摂氏233度）で燃え始めるというのが、タイトルの由来だった。「描きたかったのは国家の検閲ではなく、テレビによる文学への関心の破壊だ」と、ブラッドベリ自身が2007年の「ロサンゼルス・ウィークリー」の取材に答えているが、彼の執筆動機は、そのままネット万能の現代に通じてしまった。

テレビ全盛の時代はまだしも生き永らえていた知性が、スマホの前に滅び去り、人々は国家権力の介入を待つまでもなく、自ら書物を放擲《ほうてき》した。かねてキヨスクからコンビニへの業態転換を急ぎ、積極的に雑誌の販売点数を激減させた鉄道弘済会のやり口が、知性の退廃に拍車をかけてきたことも確かだ。「ニューデイズ」の売り場で雑誌が地べたに並べられている光景が、単に商品の配置の問題というより、出版文化に対する軽視さらには蔑視のアピールにしか見えないのは、ひとり筆者だけだろうか。

出版不況も新聞不況も加速の一途を辿《たど》り続けている。貧して鈍した業界各社は、たとえば消費税の軽減税率適用を求めて権力にオネダリを重ね、広告ほしさにスポンサー企業におもねりまくる。JOCと東京五輪のオフィシャル・パートナー契約を結んで五輪ビジネスの当事者となり、国威発揚《こくいはつよう》と憲法改正、帝国主義的国家ビジョンの推進を連動させたい政府の思惑通りに国民を動員する機能を買って出てしまった。ジャーナリズムは魂を売り飛ばしたのだ。

――などといった問題意識が、マスメディアで論じられることはない。「日経」のスクープにしたところで業界話に終始していたし、一部のテレビニュースを除けば、後追いの報道も解説もなされていないままだ。

（2018年9月24日）

もう一言

筆者はこの間に、鉄道弘済会に直接取材している。まとまった報告をする機会が得られていないので成果の一端を紹介しておくと、障害者や児童、高齢者等のための福祉事業が対象であり、だからこそ、それら以外の収益事業については一般の株式会社以上に収益性を重視しなければならない立場であるとの由。この点は誤解だったことをお詫びしたい。ではあるけれど、全体の状況は本稿の指摘通りに進んでしまっている。報道も解説もなく、何も起こっていないことにされている状態も同様だ。

知性の灯を絶やすな

私は本が大好きだ。雑誌も新聞も、つまり活字文化のすべてを愛している。だから仕事にし、本好きの人たちの思いに応えられる本を書こう、つくろうと頑張ってきた。

だが世の中は一変した。知識や思想はインターネットやSNSで得るものという考え方が定着し、本だの雑誌だのはむしろ忌むべきものとでも言いたげな雰囲気さえ感じさせられるようになって久しい。つい先日も、東京・原宿で――。

JR山手線の駅を出たところにある売店に、新聞も雑誌も置かれていないのを見つけた。店員さんに確かめても、申し訳なさそうな表情を返されるだけ。

予感はあった。近年、駅のキヨスクが次々に「ニューデイズ」なるコンビニ業態へと切り替えられていく過程で、活字メディアの陳列数は激減。特に雑誌は棚ではなく地べたに、混雑の中では客が選ぶこともできないように置かれるようになっていた。しゃがまなければ手に取ることもできない。中高年にとっては大儀で、いかにも売りたくないという店側の意志があからさま。書き手としての私は腸《はらわた》が煮えくり返っていたが、どんなに無礼な扱いでも、いずれ、並べてもらえただけで有難かった、などと思わせられる日が来るのだろうなとも感じていたのだ。

このあたりの経緯について、コンビニ業界に詳しいライター・日比谷新太氏は次のように解説している。たとえば首都圏の駅の売店を運営している「東日本キヨスク」がJR東日本の完全子会社となったのが2006年。「もともと新聞・たばこ・雑誌といった商品が売り上げの大半を占めており、業界特性として成長する可能性が低い事業モデル（ＭＤ）」だったのが、「企業としての成長戦略・収益性向上が株主から求められるようになった」ため、食べ物や飲み物など収益性が安定している商品が中心の品ぞろえになった、とのこと（「ブロゴス」18年8月6日配信記事より）。

だが、それだけか。活字離れの主たる原因がネットやＳＮＳの普及であることに異論はないが、雑誌を客の足元に広げた国策企業の商法が、従来の雑誌メディアにはまだしも息づいていた反権力・反拝金の姿勢ごと侮蔑する空気を醸成し、行き渡らせたのではなかったか。

やがて新聞も雑誌もないキヨスクが当たり前になる頃には、この国で暮らす人間の知性など、根こそぎ奪われ尽くしているだろう。焚書の恐ろしさを知るには、レイ・ブラッドベリ『華氏４５１度』（伊藤典夫訳、ハヤカワ文庫ＳＦ）を薦めたい。近年の国産小説では北山猛邦『少年検閲官』（創元推理文庫）というのも興味深そうだ。

最悪のスパイラルからの脱出は容易でない。出版界自身もが拝金主義に浸かってしまう結果になれば、生き残ったところで敗北だ。

本が本であるために。知性の灯を絶やさないために。模索と破滅との、あとは時間との闘いなのである。

（２０１９年２月18日）

もう一言

本稿の執筆当時、筆者の最寄り駅では「ニューデイズ」を中核とする駅ナカ店舗群の大改修工事が進められていた。おそらくはこの駅の「ニューデイズ」も原宿駅と同様の運命を辿《たど》らされるのではないかと疑心暗鬼に陥っていたからこそのカラ元気だったが、やがて完成した新店舗は、むしろ従来よりも新聞・雑誌のスペースを広く取ってくれていた。事業モデルはどうあれ、何もかもがそれだけで動かされているわけではないのかもしれないと、少しだけだが生き永らえた気分でいる今日この頃。

政治とメディア――アメリカの場合

目下の状況を理解するのに格好の新刊を見つけたので紹介したい。前嶋和弘・山脇岳志・津山恵子編著『現代アメリカ政治とメディア』（東洋経済新報社）。朝日新聞の元ニューヨーク特派員や編集委員、メディア研究者らが、それぞれの切り口で、かの国で進行している現実を読み解いてみせてくれる。

かなりのボリュームだから、章立てを列挙したほうが全体像を概観しやすいかもしれない。こんな具合だ。「危機に瀕するアメリカのメディア」「政治とメディアの分極化」「揺らぐ報道の『公平性』」「伝統メディアとデジタルメディアの攻防」「ソーシャルメディアとフェイクニュースの広がり」「アメリカにおける調査報道の現在と今後」「アメリカの政治過程におけるメディアの今後」……。

総合すると、アメリカ政治において、メディアは中心的な役割を果たしている。それだけに世論が重視されてきた。これぞ民主主義、ではあるのだが、ここ20年ほどの間に、前提となる諸条件が大きく変わったという。規制緩和でメディア間の市場競争が激化した結果、かえって独立性が揺らぎ、「ニュース」の概念までが変質した。世論が流されるのも自然の成り行きだ。

参入や所有の自由化ばかりが規制緩和ではなかった。かねて番組放送の政治的な公平性を担保していた「フェアネス・ドクトリン」が１９８７年に撤廃されたことも相まって、メディアからジャーナリズムとしての規範が失われた。政界との人的交流も目立つ。つまり政治と一体化しつつある。

翻《ひるがえ》って日本は、ここまでの状況には至っていない。が、他のあらゆる分野と同様に、彼らの後を追い続けていることは確かだ。本書は間違いなく、日本の政治とメディアの未来、ひいては世の中のありようを考える手がかりになる。

特に感じることがあったのは、「『トランプ王国』にみるメディア消費」の章だ。大統領選中にラストベルト（中西部から北東部にかけての、衰退した元工業地帯）を歩いた報告者は、かつてのリベラル派が挙《こぞ》ってトランプ支持に回っていった様子と雰囲気をよく伝えていたのだが、日本ではどうなのだろう、と思った。

なるほどトランプと安倍首相の強権的な手法は酷似している。一方で、内向きとされるトランプと、新しい帝国主義を志向する安倍とは、実に利害を一致させた相互補完機能同士だ。有り体に言えば、労働者階級が安心してトランプを支持できるのは、戦争に動員される危険を、安倍に（と具体的に承知はしていなくても、どこかの属国の酋長《しゅうちょう》に）押し付けてくれるはずだと信じているからではないか。〝ウォール街の代理人〟呼ばわりされ、なおも〝世界の警察官〟を志向するヒラリー・クリントンとは、この点が決定的に異なるのである。

高度な内容だが、全編が平易に書かれていて、読みやすい。一読をお勧めする。

（2019年5月20日）

もう一言

『現代アメリカ政治とメディア』には、他にも興味深い記述が目白押しである。「トランプ大統領の気質とメディア」の章では、有力誌『アトランティック（The Atlantic）』の2016年6月号に掲載された、心理学者のダン・マクアダムスによる論考が紹介されている。それによれば、トランプの特徴は、過去の大統領たちに比べて、〝人生の物語〟に乏しいことだという。単なるナルシスト的な動機があるだけだ、と。薄っぺらな人間ほど危険であるとは、多くの人々の経験則であるはずだ。

丸山氏の暴論――事件の本質歪めた新聞

〈キミの暴論は断じて許せない。しかしキミが発言する場は保証しよう〉と、ルポライターの鎌田慧氏は書いていた（東京新聞2019年5月21日付朝刊特報面）。〝キミ〟とは例の日本維新の会・丸山穂高衆院議員（35）のことである。

丸山氏はビザなし交流訪問団に同行した国後島で5月11日、団長に「（北方領土奪還のためには）戦争しないとどうしようもなくないですか」と迫った事実が表面化。維新の会に除名され、野党6会派が辞職勧告決議案を提出する事態にまで発展していた。

あの鎌田氏が、丸山氏を擁護するはずもない。ただ、暴論すなわち身分の剝奪《はくだつ》となれば、かつて日中戦争を批判する反軍演説を行ったカドで国会から追放された立憲民政党・斎藤隆夫の例にも通じ、当時と同様に、世の中がモノ言えば唇寒しのファシズムに覆い尽くされてしまいかねない危険を、彼は恐れたのである。

斎藤氏と丸山氏とでは、見識も責任感も比較にならない。だが鎌田氏は、件《くだん》の暴言を、〈（現内閣が率先実行している）言論〉とも形容している。なるほど戦争を志向しているとしか思えない安倍政治下で丸山氏だけが処分されるのも、なんだか矛盾しているし……。そんなことを考えていたら、『週刊文春』と『週刊新潮』の5月30日号が、揃って国後島での一部始終を詳報した。それらによれば、現地での丸山氏のハチャメチャぶりときたら、異様なほどだったらしい。

「オッパイ！　オッパイ！　チンチン！　チンチン！」

その夜の丸山氏は宿舎で泥酔し、卑猥《ひわい》な絶叫を繰り返していた。「戦争しないと」発言はこの直後、90歳になる団長が日本の新聞の取材を受けていたところに乱入して放たれた。別の団員が引き剝《は》がそうとすると、彼は「いやだ、いやだ」と子どものように抵抗したという。

丸山氏はその後も、「オレは女が買いたいんだ！」と叫んでは、宿舎の外に出て行こうとする。ビザなし交流の性質上、無用の外出は制限されているため、周囲は懸命に止めるのだが、彼は、「ここは日本の領土だろ！　議員だから不逮捕特権があるんだ！」――。

本人以外の誰にとっても悪夢の一夜だったと言わざるを得ない。もともと言論の自由を論ずべき次元の話ではなかったようである。社会人、いや人間としてどうかの問題だった。今後の日露間の交渉に悪影響を及ぼすのは必定だろう。

丸山氏は東大経済学部卒の元経産官僚。かねて新聞への軽減税率適用に反対する姿勢を見せていたので筆者も会い、なかなかのセンスの持ち主と感じたことがあるが、こうまで幼稚な酒乱だったとは。

現場に居合わせた新聞は、どうして全容を報じなかったのか。見当外れの原理原則論に思いを馳せさせられて悔しいから、ではない。「戦争しないと」だけの報道に、事件の本質を歪めて伝えられたからである。

（２０１９年６月３号）

もう一言

本稿が書かれて間もない２０１９年６月６日、衆院本会議は丸山氏に対する糾弾決議を全会一致で可決した。「院として、国会議員としての資格はないと断じざるを得ない」とするもので、事実上の〝議員辞職要求〟のようなものだといわれたが、当の丸山氏は国会議員の座に留まり続けている。多少は実効性が伴う正式な辞職勧告に至らなかったのは、所属議員が問題発言を繰り返す自民党が前例を作りたくなかったためと伝えられ、ために苦肉の策となった糾弾決議も、単なる猿芝居に終わった。

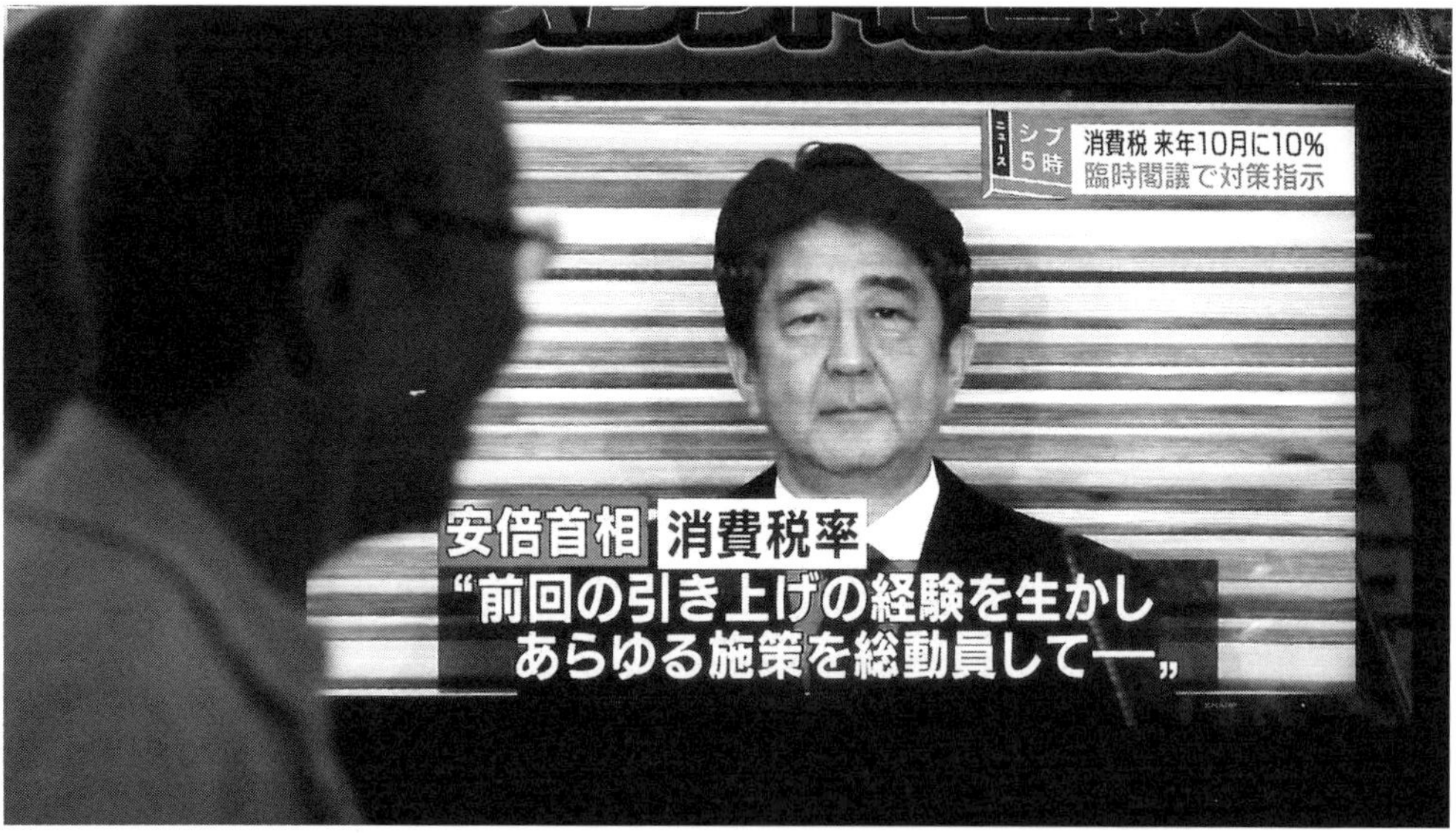

2019年10月に消費税率を10%へ引き上げる政府方針を伝えるニュース（2018年10月15日、共同通信社）。年金カットをはじめ社会保障が切り捨てられる一方で消費税を増税することの矛盾を指摘するメディアは少なかった

第2章　メディアと権力の間合いを考える

国会解散、目くらましの理屈に報道は？

また解散・総選挙である。★書くべき材料は山ほどあるが、ここではやはり、解散の意味を伝えた在京各紙の報道をあらためて検証しておきたい。

安倍晋三首相は2017年9月25日の記者会見で、「消費税増税分の使途変更について信を問う」のだと強調した。最も素直に受け止めた体《てい》なのは「日経」だ。〈与野党は衆院選を通じて財政健全化への道筋や社会保障の給付と負担の設計図をきちんと示してほしい〉と教科書通り。

手放しの賛意で応えたのは「読売」と「産経」。いずれも「国難突破解散」なる安倍氏の造語を1面トップの大見出しに採用した。それでも〈財政再建の旗を掲げ続けることである〉と「日経」同様の手順を踏んだ上で、〈(憲法改正問題が) やや膠着《こうちゃく》状態にある。今回の解散は、この局面を打開する狙いもあろう〉と続けた「読売」に対して、「産経」は安倍氏が付随的であるかのように語った北朝鮮情勢に焦点を当てた。〈首相が会見で、憲法改正について言及しなかったことは極めて残念だ。／自衛隊は敵基地攻撃能力すら持っていない。日本が北朝鮮危機に十分に対応できると言い切れない根本的原因の一つが、現憲法にあることは疑いない〉。

なるほど安倍氏の真意はここにあるのだろう。今回の解散総選挙は森友・加計隠しであると同時に、今や最高潮に達した北朝鮮憎しの国民感情を利用する計算が働いているに違いないからだ。

一方、「朝日」「毎日」「東京」は解散の大義に疑義を投げつけた。「朝日」の社説と1面ソデに掲載された論説主幹・根本清樹氏の「座標軸」欄が読ませる。目の前の事象だけにとらわれず、過去の経

★大義のない解散は、“森友・加計学園疑惑”隠しだと批判された。安倍首相はこの際、核開発を急ぐ北朝鮮への対応も争点だとして、その脅威をも追い風とした。

緯に照らして論じた後者が特にいい。〈思えば、安倍政権の5年近くは、憲法に対する横紙《よこがみ》破りの連続だった。（中略）／現憲法をないがしろにするこうした積み重ねの果てに、今回の解散はある〉。

昨今の新聞は権力との距離次第で天と地ほどもかけ離れた〝事実〟を伝える、と言われて久しい。べったりの新聞が多数派ではないにしろ、テレビやネットメディアの状況を考慮すれば、安倍政権のすることはすべて正しいと思い込んでいる人々が増えたのも、自然の成り行きではあるのかもしれない。ともあれ増税分の使途変更が云々という理屈が、目くらまし以外の何物でもないことは明らかだ。にもかかわらず、その目くらまし自体もデタラメである実態にメスが入れられないのは悲しすぎる。

14年4月に8％への消費税増税が行われた際も、同年12月にやはり解散・総選挙が断行された際にも、安倍政権は増税分の金額を社会保障に回すと公約していた。ところが今回、そんな約束などなかったことにされてしまっている。〈もともとの目的だった国の借金返済に回す分は減ることになる〉とは、「東京」（17年9月2日付朝刊）の解説だ。社会保障の充実こそが増税の目的ではなかったのか。どこまで財務省の論理にへつらえば気が済むのか。

（2017年10月9日）

もう一言

ひとたび決定された消費税増税の予定は、それを実行する側の都合次第で、いかようにも利用されてしまう。10％への税率引き上げは、これ以前に2度延期されていた。いずれも選挙を控えたタイミングで、政権与党の人気取りのためである。2度目の延期の際に決められた2019年10月の予定も、どうなるかわからないのが本稿執筆時点の情勢だ。権力が打ち出の小槌《こづち》か魔法の杖のように操れる凶器を、これからの時代には間違っても握らせないことが、真っ当な社会を築くための大前提となる。

まるで「安倍ンジャーズ」

「アベンジャーズみたいだ」

という声が、関係者から漏れたのだそうである。さる2019年5月28日、安倍晋三首相とトランプ米大統領が海上自衛隊横須賀基地（神奈川県）に停泊していた護衛艦「かが」を視察。搭載ヘリ用の巨大エレベーターから降りてきた際のエピソードだとか。

6月7日付の読売新聞朝刊「政なび」欄に載っていた。アベンジャーズとはアイアンマンやキャプテン・アメリカら、アメリカン・コミックの英雄たちが集結し、宇宙の侵略者から地球を守るという筋書きのハリウッド映画だ。〈陽光を背にさっそうと登場する劇的な演出が、世界のために戦うヒーローの姿を連想させたのだろう〉。

5月25日から4日間に及んだ今回のトランプ訪日は、筆者にとって辛《つら》いものだった。もちろん直接の関係があったわけではなく、マスメディアを通じての、間接的な見聞でしかありはしないのだが。大相撲見物や炉端焼き等々の、過剰も極まった大接待。狂気じみた厳戒体制。農業分野で日本側が大幅に譲歩する密約の存在を仄《ほの》めかすツイート……。本稿では「かが」艦上での模様をめぐる報道に絞って論を進めたい。なにしろ自衛隊と米軍の両方に日米首脳が揃って訓示したのは、史上初めてのことなのだから。

安倍首相は強調した。「日米同盟のさらなる強化に、日本はしっかりとその役割を果たしていく」。しかして「かが」は、新防衛大綱によって事実上の空母化が予定されている艦船だ。旧帝国海軍時代にも、もともと戦艦として建造されながら、空母に改装された同名の艦船が存在した史実は、単なる偶然か、意図的な符合なのか。

その艦上での合同訓示が世界に発信したメッセージは明らかだ。空母化された暁の「かが」には、やはり空母化される護衛艦「いずも」と同様に、敵基地攻撃能力を有する米国ロッキード・マーチン社製のステルス戦闘機「F35」が搭載されることになる。米国の戦争に自衛隊が絶えず参戦する宣言という以外に、解釈のしようがないではないか。

にもかかわらず、安倍首相の言う「日米同盟の強化」なるものを正面から批判するマスメディアは見当たらなかった。「朝日」が〈兵器が取り持つ関係か〉、「読売」が〈残念なのは、日本の装備購入が対日貿易赤字削減につながるかのように主張するトランプ氏の姿勢だ。安全保障政策は、貿易問題と切り離して考えるべきだ〉と、揶揄《やゆ》のマネゴト程度はしてみせもしたものの（いずれも5月29日付朝刊の社説）、件《くだん》の宣言自体に対する否定的な態度は皆無だった。

前記の映画「アベンジャーズ」は、12年に初公開されて以来、世界的な大ヒットを重ねている子ども向け作品だ。日本でもシリーズ第４作が全国公開中である。読売新聞の「政なび」は〈「安倍ンジャーズ」と呼ぶほうがふさわしい〉などとも書いていた。

（２０１９年６月17日）

もう一言

トランプ訪日の翌月6月20日、イラン軍がホルムズ海峡上空を飛行していた米軍の無人偵察機「グローバルホーク」を撃墜した。と、米軍側は直ちにイラン国内への報復態勢を整え、トランプ大統領も攻撃を承認。実行すれば１５０人の犠牲者が出ると予想され、被害との釣り合いが取れなすぎるとして攻撃開始の10分前に撤回されるという顛末にはなったものの、一触即発の状況に変わりはない。〝安倍ンジャーズ〟とやらは、その場合でも足並みを揃えて戦争に勤《いそ》しむことになるのだろうか。

「日米親密」の大宣伝に終始の不幸

それにしても2017年11月の日米首脳会談の報道は酷《ひど》かった。一部の新聞がまずまず鋭い――腰を引きまくりながらだが――指摘をしていなかったとは言わないが、圧倒的大部分は安倍晋三政権の演出に丸乗りし、彼とトランプ大統領の〝親密〟さの大宣伝に終始して、肝心なことは何も報じなかった。

特にテレビ情報番組の愚劣さは絶望的だ。大統領令嬢・イヴァンカ補佐官が先乗りしてきた時からご機嫌取りの嵐。かの暴言大統領の批判は完全に封じ込められた。

実際はどうか。これほど露骨な植民地扱いを受け、それをまた大喜びで大歓迎した首脳会談は、占領時代以来ではなかったか。

トランプ氏は来日前、わざわざハワイに立ち寄って、日本人憎悪の合言葉「リメンバー・パールハーバー」を呟い《ツイートし》ていた。全メディアが大特集を組んで猛抗議が当然の振る舞いだと思いきや、現実には書いても短いコラムか雑報か。

大統領専用機は、やがて羽田空港ならぬ米軍横田基地に着陸した。外交儀礼を無視した、異様な態度である。彼はさらに、航空自衛隊員まで集めた基地内での演説で、横田の能力は世界一だと讃えた後で、こう述べた。“We dominate the sky, we dominate the sea, we dominate the land and space.”

(我々は空を支配――あるいは統治、以下同――し、海を支配し、陸と宇宙を支配している)

原文は米国大使館のHPから引き、拙訳を加えた。演説はそして、「単に最高の装備があるからというだけではない。今後も大量にもたらされる。美しく、ブランドものの、新しい装備が。そんなことができるのは、アメリカだけだ！」

こういうのを帝国主義という。こんな男を相手に無邪気にも、「日米は１００％ともにある！」と絶叫し続ける政権の恐ろしさを、私たちはよほど知っておかなければならないが、そのことを伝えてくれるべきメディアは、もはや１００％、安倍氏と「ともにある」。

私たちはなんと不幸なのだろう。それから、来日当日の〝ゴルフ会談〟で安倍氏が尻もちをついてバンカーに転げ落ち、にもかかわらずトランプ氏には無視された醜態の隠蔽《いんぺい》については、99％のメディアが加担した。テレビ東京でだけ放映されたらしい画像がネットで拡散されているので、それらを参照されたい。なお、ネットメディア「リテラ」は、「２人の姿は〝友情〟どころか、ヤクザの親分につきしたがう三下《さんした》」のようだったと書いていた（17年11月8日配信）。

離日後に赴いた韓国でも、トランプ氏は、支配者意識をあからさまにした。国会での演説で同国を、“faithful ally of the United States very long into the future.”（未来にわたってアメリカに忠実な同盟国）になるだろうと評したのである。faithful には「信義の厚い」という意味もあるにはあるが、韓国のメディアがどう伝えたか、同国民がどう感じたかを知りたい。

（２０１７年11月20日）

もう一言

報道がこんなだから、安倍首相は安心して、対米奴隷外交を積み重ねていく。２０１９年４月にホワイトハウスで行われた首脳会談でも、安倍氏は米国の自動車産業への４００億ドル（約４兆４６００億円）規模の投資と大量の武器購入を約束した。読売新聞（４月28日付朝刊）によれば、トランプ大統領は農産物の関税撤廃も要求してきたが、安倍氏はこれに対して、「７月の参院選までは無理だが、20年秋の大統領選のことは考えている」と返したらしい。選挙後ならＯＫ、という意味か。

官邸の軍門にくだるマスメディア

あまりといえば象徴的なハプニングだった。テレビ朝日系で2015年3月27日放映の「報道ステーション」(「報ステ」)で、元経産官僚のコメンテーター・古賀茂明氏が唐突に、「テレビ朝日の早河(洋)会長と古舘プロジェクトの佐藤(孝)会長のご意向ということで、私はきょうが最後なんですけど。これまで非常に多くの方から激励を受けまして、一方で菅(義偉)官房長官はじめ官邸の皆さんにはものすごいバッシングを受けてきました」と発言したのである。古賀氏はテレビメディアで最も痛烈な安倍晋三政権の批判者だ。それだけに首相らに憎まれ、降板に追い込まれて爆弾発言を準備中との噂はあったが、官僚出身の立場のある人物が、ここまで言ってのけるとは。

事情を知らない視聴者には未練がましくも見えようし、イメージダウンの可能性は否定できない。それでも視聴者に現在のマスメディアの実態を伝えることを優先した男の勇気を讃えたいと思う。

実際、状況は最悪だ。テレビも新聞も雑誌も、既存のジャーナリズムは権力の顔色ばかりうかがって、恥じようともしなくなった。

マスメディア企業のトップや編集幹部が安倍首相との会食を繰り返している惨状は、「しんぶん赤旗」などで暴露された通り。「報ステ」はまだしもマシな番組のひとつだったし、だからこそ古賀氏も起用されていたのだが、とどのつまり官邸の軍門に下ったことになる。

具体的な事例を挙げだせばキリがない。たとえば沖縄・辺野古の米軍新基地建設をめぐる、政府とほとんど一体化した差別的な報道ぶりは、常軌を逸してはいないか。

さる15年2月22日、キャンプ・シュワブ前での大規模集会の直前、集会のリーダーら2人の活動家が逮捕された。反対を掲げて14年に当選した翁長雄志《おながたけし》知事に対する政権側の強硬姿勢が背後にある重大事件なのに、地元メディアや東京新聞を除く大方は、異様に小さな扱いに終始。予備知識のない者に「よほどの過激派か」と思い込ませる印象操作の役割を積極的に果たしたといって過言でない。

――などと書いていたら、テレビから去っていくアンチ安倍のコメンテーターは古賀氏だけではないというニュースが飛び込んできた。同じ「報ステ」のメーンを張っていた朝日新聞論説委員の恵村順一郎氏と、日本テレビ系の情報番組「スッキリ！」の精神科医・香山リカ氏が、3月いっぱいで降板する。作家のなかにし礼氏やジャーナリストの鳥越俊太郎氏、岩上安身氏らも、そういえばいつの間にか見かけなくなっている。

今回から本欄を担当することになりました。フリージャーナリストとして、粛々《しゅくしゅく》と権力のチェック機能たらんとし続けることを第一義にしていますが、己の棲む業界にも言いたいことをいい、同時に、広く読者にも伝えていきたいと考えています。ご愛読を。

（2015年4月6日）

もう一言

本書の基になった「メディアの深層」の連載を、「全国商工新聞」でスタートした初回の記事である。それから4年。はたしてテレビの報道番組や情報番組の惨状は凄まじい。冒頭で紹介した古賀茂明氏はこの間、日本外国特派員協会での記者会見で、自身を降板させるようテレビ朝日に圧力をかけていたのは、後にTBS記者による準強姦《ごうかん》事件のもみ消しを図ることになる（110ページ参照）中村格《いたる》氏だった事実を明らかにしている。当時は官房長官の秘書官だった警察庁キャリア組だ。

BPOは御用機関にあらず

BPO（放送倫理・番組向上機構）の理事長に、2015年4月1日付で浜田純一・前東京大学学長が就任。下旬に入って報道各社の取材に応じた彼の発言を、たとえば毎日新聞は次のように報じている。

〈BPOのチェック体制について浜田理事長は、弁護士や大学教授などが第三者の立場で検証している事実を挙げ、「結論は放送局からも窮屈すぎるとの批判が出るほど。放送局が有利なように判断することはない」と述べ、「（運営費を出している放送局から）独立していないのではないか」との自民党の批判に反論した〉（15年4月24日付朝刊）。

これは重要なニュースである。というのは——。

前項でも取り上げた、テレビ朝日の「報道ステーション」で、コメンテーターを降板する古賀茂明氏が「政権の圧力があった」旨を暴露した件、および、NHK「クローズアップ現代」のヤラセ疑惑について、自民党が4月17日、両局への事情聴取を行った。

事実上の放送メディア統制宣言だ。実際、「狙いはテレ朝」だと語って（「朝日」15年4月18日付朝刊）、政権批判とは関係のないNHKの聴取はカモフラージュでしかない実態を示唆したり、BPOに「政府側や官僚OBを入れる」方法もあるとして（「毎日」同18日付朝刊）、番組内容に直接介入したい意向を隠さない党幹部もいたという。

BPOは03年にNHKと民放各局が設置した、〈言論の自由を確保しつつ、視聴者の基本的人権を擁護するため、放送への苦情や放送倫理の問題に対応する、第三者の機関〉（HPより）だ。万が一にも政府に関与される事態となれば、その存在意義は反転し、日本の民主主義は死に絶える。放送は、戦前・戦中、GHQによる占領下もかくやの、絶対権力のプロパガンダ機関に成り下げられてしまう。大袈裟《おおげさ》でも何でもない。自民党はもともと、政権批判を検証の対象にしないBPOに不満があった。言論の自由の見地からは当然で、逆に政権べったりの番組も問題にできないジレンマもあるのだが、そんなことには関心のない彼らやその周辺は、SNSなどを駆使しては、気に食わないBPO委員への個人攻撃を繰り返す始末（香山リカほか『安倍政権のネット戦略』創出版、13年など）。

そうした背景があってこその、浜田・新理事長の発言だった。気になるのは、彼にはほとんどの大手紙や通信社が取材しているにもかかわらず、本稿執筆時点では、前出の「毎日」が4段見出し、「読売」がフラッシュ（短い横書きの速報）扱いで報じただけで、他の新聞が取り上げていないことである。

発言の重みが理解できないのか、敢《あ》えて黙殺して政権側に秋波を送りたいのか。いずれにしても深刻きわまる。

（2015年5月11日）

もう一言

2013年4月から19年3月まで2期6年間、BPOの放送倫理検証委員会の委員を務めていた筆者も、罵詈雑言《ばりぞうごん》を浴びせられ続けた。興味深かったのは、ただし攻撃の材料がWikipediaに載っている「マスコミ9条の会」の呼びかけ人の一人だという1点だけに限られていて、筆者が雑誌記事や書籍などでどのような発言をしているかについては、まるで言及されていないことだった。他の委員も同様。それだけの理由で、よくもまあ他人の人格を云々《うんぬん》できるものだと呆《あき》れていた。

記者活動の制限を許すな

首相官邸の記者クラブ「内閣記者会」が、官邸報道室長名の文書を受け取ったのは、２０１８年12月28日のことだ。そこには沖縄・辺野古での米軍新基地建設に関する東京新聞記者の質問に〝事実誤認〟があり、この記者の〝度重なる問題行為〟は深刻なので問題意識を共有してほしい旨が記されていた。

記者の名は望月衣塑子《いそこ》。かねて菅義偉官房長官の記者会見で鋭い質問を連発してきた猛者である。内閣記者会は官邸側に、「記者の質問を制限することはできない」と返した。ただ、所詮《しょせん》は形だけだったことが問題であり過ぎる。

事は記者活動に対する恫喝《どうかつ》だ。そもそも望月記者の質問に★〝事実誤認〟などなかった。なのに正面対決の姿勢を示したメディアは当の東京新聞のみ。社としての見解の掲載が19年の2月にずれ込んだのは、事実関係の整理や意見の調整に時間を要したためだろう。

ところが他のメディアは我関せずの知らん顔を決め込んだまま。共同通信に至っては、〈官邸記者クラブのある全国紙記者は「望月さんが知る権利を行使すれば、クラブ側の知る権利が阻害される。官邸側が機嫌を損ね、取材に応じる機会が減っている」〉（19年2月18日配信）とまで書いていた。

クラブ内にそうした空気があるのは事実に違いない。とはいえ、それを論評抜きに垂れ流せば、共同通信の考え方も同じだと宣言したようなものではないか。

恥知らずな一文は、数時間後に削除された。神奈川新聞が一連の経緯を仔細《しさい》に報告しているので紹

★問題の文書が届けられた前々日の官房長官会見で望月記者は、沖縄県の調査を拒否している業者が辺野古沖に土砂を投入している実態は違法ではないかと質していた。

介すると、〈(共同は) 記事の配信後、内容を見た加盟社から電話が入り、記者クラブと官邸が癒着《ゆちゃく》していると思われる恐れがあると指摘を受けた〉のだという(2月21日付「忖度による自壊の構図」)。削除されたコメントの主の感覚が理解できないとは言わない。記者は特ダネで勝負するもの、会見で目立つパフォーマンスは避けるのが昔からの記者カタギ。筆者自身も長年、そんな価値観にドップリ浸かってきたからだ。

もっとも、記者稼業の美意識は相手方の良識を前提にしてもいる。目下の政権と対峙《たいじ》するには、なりふりなど構っていられないことは、誰の目にも明らかだ。今回など官邸は、件《くだん》の申し入れに新聞労連が抗議したのは、委員長と望月が不倫関係にあるからだ、などというデマまで各社の政治部に流して、敵の信用失墜に躍起になっているという(ネットニュース「リテラ」3月1日付配信)。

ここまでゲスな集団が政府だというなら、報道側もあらゆる手段を尽くさなければならない。〝機嫌を損ね〟などと、癒着どころか御用聞き然と平伏していてよい場合ではないのだ。

19年3月12日には商社や銀行、損保、海運などの「9条の会」が、官邸文書の撤回を要求する記者会見を開いた。市民社会でも憤りの声が高まっている。

(2019年4月19日)

もう一言

望月記者が自らの体験を綴った『新聞記者』(角川新書、2017年)は、同じタイトルで映画にもなり、19年6月に公開されている(藤井道人監督。シム・ウンギョン、松坂桃李のダブル主演)。野党各党のスカウト合戦も激しいらしい。彼女はいかなる道を選択するのだろう。あまりの惨状を呈するばかりのマスコミ界には絶望しているかもしれないが、面識のない筆者としては将来の新聞ジャーナリズムを、少しでも真っ当な方向に導いていってほしい気がする。他の世界に奪われたくない。

「報道統制」に批判もできないのか

自民党の若手議員らが2015年6月25日に開いた非公開の勉強会で、報道統制への欲望を露《あらわ》にした暴言が飛び交った。講師に招かれた作家・百田尚樹《ひゃくたなおき》氏の「（国の安全保障政策に批判的な）沖縄の2つの新聞は潰さないといけない」という放言が特に注目されたが、彼だけの問題ではもちろんない。事は民主主義の根幹に関わる。安全保障に関する衆院特別委員会の審議にも波及した。そこで6月27日の朝刊各紙を読み比べると——。

最も気を吐いたのは「朝日」だ。1、2面と社会面で詳報し、何よりも、個々の発言の主を特定したのがいい。それによると、大西英男衆院議員が「マスコミを懲《こ》らしめるには広告料収入がなくなるのが一番。経団連などに働きかけをしてほしい」と語っていた。百田発言の呼び水は、「先生なら沖縄の歪んだ世論を正しい方向に持っていくために、どのようなアクションを起こすか。左翼勢力に完全に乗っ取られている」という、長尾敬衆院議員の問いかけだった。

自民党の初期の対応は、百田氏にすべての責任をなすりつけたい思惑がアリアリ。そうはさせじ、と頑張った記者たちを讃えよう。

次に善戦したのが「毎日」か。1、3、5面と社会面の展開で、経済界の反応も取材していた。大手電機メーカー幹部の「まるで大政翼賛会」という言葉が重い。ただし大西氏以外の議員の実名が伏せられたのには釈然としなかった。

「東京」の追及がいつになく甘いのが気になった。ボリュームはあっても議員は匿名。少し前から目立っていた自民党の報道への介入ぶりを解説してくれていたのは親切だったけれど。

これら3紙は琉球新報と沖縄タイムスの共同抗議声明★の全文を載せた。政権与党の会合で「潰す」と名指しされた怒りは必読だ。

一方、「読売」「産経」「日経」の各紙は、どこまでも〝客観報道〟に終始。政権寄りの姿勢があからさまだった。「産経」の1面下段「きょうの紙面」が、〈法案そっちのけで百田氏追及〉などという、本記ではあまり触れられていない話題の見出しには苦笑を禁じ得なかった。

それでも「読売」は一応、〈独善的な言動は看過できない〉と、勇ましい書き出しの社説も掲げた。現在の日本新聞協会会長会社だから当然なのだが、結びに近づくと、〈地元紙に対する今回の百田氏の批判は、やや行き過ぎと言えるのではないか〉と腰砕け。「朝日」の社説〈これが、すべての国民の代表たる国会議員の発言か。無恥に驚き、発想の貧しさにあきれ、思い上がりに怒りを覚える〉こそ、社論の以前に新聞人が共有すべき感覚だと筆者は考えるのだが、いかがか。

もっとも「朝日」や「毎日」が立派だともいえない。自民党をつけ上がらせた責任は彼らにもある。消費税での軽減税率適用のオネダリや、ますますスポンサーに弱い体質を招きかねない広告手法「ネイティブ・アド」に傾倒してきた醜態が見抜かれている。


（2015年7月6日）

★声明は「百田氏の発言は自由」だとしつつ、その発言が引き出された経緯や、米軍普天間飛行場をめぐる明らかな事実誤認などを問題視していた。

もう一言

問題の勉強会の名を「文化芸術懇話会」といった。出席した加藤勝信官房副長官が、騒動翌日の国会で同懇話会の目的を問われて、「芸術家と共通する創作手法と成果の普遍性を追求し、（中略）心を打つ政策芸術を立案し、実行する知恵と力を習得する」云々《うんぬん》と答弁。近現代史の研究者である辻田真佐憲が、同じ年の9月に刊行した『たのしいプロパガンダ』（イースト新書）で、ドイツの哲学者ベンヤミンがファシズムについて述べた「政治の美学化」そのものではないか、と指摘していた。

「戦後70年」談話への論調は真っ二つに

例によって、と言うべきか、論調は真っ二つに分かれた。2015年8月14日に閣議決定された戦後70年の安倍晋三首相談話をめぐる全国紙の反応は、概《おおむ》ね各紙に対する世間のイメージ通りだったのではないか。

キーワードは「植民地支配」「侵略」「痛切な反省」「心からのお詫び」。1995年の村山富市首相談話にあった4つの言葉に、安倍首相はかねて嫌悪感を露《あらわ》にしていただけに注目され、最終的にはいずれをも、ただし引用や一般論で網羅する形となったのだが――。

翌15日付朝刊の社説から。ほぼ全面的に同調したのは「読売」である。〈先の大戦への反省を踏まえつつ、新たな日本の針路を明確に示したと前向きに評価できよう〉。国際社会の日本への信頼を十分に高める内容だと讃えていた。

やはり政権寄りとされる「産経」は不満たらたら。村山談話重視の声が与党内にもあった状況に触れ、〈首相の選択肢が狭められていた側面がある〉〈重要なのは、この談話を機会に謝罪外交を断ち切ることだ〉と、首相の本音を代弁するかのような主張が目立った。

「毎日」は格調高いが無難にまとめた印象。〈「半身の言葉」では、メッセージ力も乏しい〉と批判しつつ、ともかくも談話にキーワードが散りばめられた事実を〈プラスに転化させる必要がある〉〈歴史修正主義からきっぱりと決別することだ〉とした展開は美しい。

「東京」と「日経」は、それぞれの持ち味をよく発揮した。〈特に、日韓併合の契機となった日露戦争について「植民地支配のもとにあった、多くのアジアやアフリカの人々を勇気づけた」と意義を強調したのは、朝鮮半島の人々への配慮を欠くのではないか〉とした「東京」は鋭く、「日経」の〈首相は時期をはかって中国を訪れ、談話の中身を直接、丁寧に説明すべきだ〉〈中国の一般民衆に向けたメッセージを現地で発信するのが望ましい〉とする提案には、中国市場に注がれる経済界の眼差しがうかがえた。

最近の傾向に照らして、意外なほど激しかったのが「朝日」だ。〈いったい何のための、誰のための談話なのか〉と切り出し、わざわざ諍《いさか》いのタネを膨らませた首相を難じた。実際、中国に秋波を送る諸国が急増中の昨今、成り行き次第では本当に国際社会から孤立してしまう危険もなしとしない。

社説だけでは不明な点も多い。「毎日」式に前向きな捉え方をするにせよ、ならば今まさに国会審議中の安全保障関連法案との整合性は。談話は「世界の平和と繁栄にこれまで以上に貢献してまいります」と締め括《くく》られていたが、それは結局、自由貿易体制に従順でない存在を軍事力で滅ぼしてきた米国の補完機能宣言とどう違うのか、等々だ。なお当日夕のＮＨＫニュースは、限りなく「読売」に近い報じ方だった。新聞を読まない人には、それがスタンダードな理解だと受け止められかねない。籾井勝人体制はより深刻な段階に入ってきたようだ。

（２０１５年８月24日）

もう一言

談話をめぐる報道は、次第に減っていった。ここ1、2年は散見される程度だが、「朝日」２０１8年11月26日付朝刊のコラム（高橋純子編集委員）が秀逸。国会で安倍首相が「寄り添う」と言った相手は被災者・被災地と（「慰安婦」を含意すると見られる）女性、沖縄の3者に絞られる。口先だけの「寄り添う」は、当事者の怒りや苦しみに向き合わないことをごまかす言い訳になることもあれば、「寄り添ってもらっているのにわがままだ」と攻撃の口実に転化することもある、との指摘だ。

軽減税率によって「報道せず」？

安全保障関連法制を採決した2015年9月17日の参院特別委員会の議事録がHPで公開され、委員長の発言を「議場騒然、聴取不能」としながら、「可決すべきものと決定した」の追記で済ませていることがわかった。野党は事前の打診に同意しておらず、反発している。15年10月12日の東京新聞朝刊が1面トップで報じた。

この問題については有志の弁護士グループが、すでに速記録の段階で「採決自体が法的に存在したとは言えない」とする旨の声明を出していた。参議院規則及び会議体の議決の一般原則に違反しているとの指摘で、とすれば大問題であるはずなのだが。★

他の在京紙がまともに後追いしていない。直後に対応したのは共同通信だけで、「朝日」と「毎日」は翌々日の14日、「読売」「日経」はさらに1日置いた15日にようやく、ただしどれもごく小さな扱い。「産経」に至っては触れもしなかった。

15年9月28日の毎日新聞朝刊が放ったスクープを連想した。14年7月に閣議決定された集団的自衛権の行使容認に伴う憲法9条の解釈変更に関する内閣法制局内部での検討過程が公文書として残されていない実態を明らかにしたのだったが、この時も他社は実に鈍かった。データベースで確認すると、「朝日」「読売」「産経」は黙殺さえも。「東京」だけが出遅れを取り戻すべく多面的な取材をしていた。

まだある。自民党は15年10月2日、さる6月の若手議員らによる勉強会が言論統制への志向を思わせると批判されて更迭した木原稔・前青年局長の役職停止処分を1年間から3カ月間に短縮すると発

★政権与党は戦争に道を開く法案に反対する国民世論を抑え込み、ついには強行採決に至った。この流れを“クーデター”だったと位置付けている憲法学者も多い。

表した。安保法制も終わったし、やれやれ国民を欺《あざむ》くためのポーズも解除、という暴挙なのだが、これもきちんと報じたのは「毎日」と「共同」、およびその配信を受けた「東京」のみ。残りはみな、まるで役所の人事異動か展覧会のお知らせでもあるかのような、極小の、そっけないお知らせに終始した。

あまりといえばあまりの惨状だ。国会も政府もマスメディアも何もかも、建前にせよ民主主義国家を、いや、法治国家を名乗る資格すら、現在のこの国にはかけらもない。絶望の一語に尽きる。日頃から政権べったりの御用メディアに限られた話ならまだしも、なのかもしれない。真っ当に近いと思い込まれているところまでがこの体《てい》たらくなのは、たまたま目下の編集幹部らにニュースセンスが皆無なのか、「弱者の味方」面そのものが初めから大嘘だったのか。

はたして15年10月15日に大阪市内で開かれた第68回新聞大会（日本新聞協会主催）は、消費税における軽減税率適用を求める特別決議を採択した。17年度の再増税を控えて、政権へのオネダリはますます強められていく。当然、先方からの見返り要求のレベルも高くなる。この際、献金や天下りのほかにも、新聞には〝論調〟という取引材料があるではないか、という一席。

（2015年10月26日）

もう一言

新聞に対する軽減税率の適用は、同じ2015年の暮れに閣議決定された16年度税制改革大綱にまず盛り込まれ、そのまま既定路線となった。年商1000万円超の事業者が納税義務者となり、実質的に転嫁できてもできなくても税金を納めなければ差し押さえを食う理不尽は、どの業界でも共通の悩みだ。にもかかわらず、みずからだけは権力に特別扱いしていただきながら、他の分野には「将来世代にツケを回すな」と増税プロパガンダに勤《いそ》しむ醜態は、ゲス根性としか形容のしようがない。

何ごともないかのような紙面だが……

朝日新聞社に何か異変でも起きているのだろうか。そうとでも考えざるを得ないほど、最近の紙面はつまらない。

２０１６年1月10日以降の朝刊1面トップから、〝目立った〟見出しを挙げてみよう。〈原油続落くらし恩恵／ガソリン１１０円台目前 電気代も安く〉〈18歳選挙権「空白」解消へ／自公、公選法改正案〉〈衆院区割り 5年ごと見直し 諮問機関 答申へ〉〈「本来は厚生年金」２００万人／加入逃れか79万人調査へ〉〈投資マネー 縮小鮮明／東証1万７０００円割れ〉等々。

発表モノか生活情報、でなければ与党や兜町のお知らせばかり。1月14日付では例のＳＭＡＰ分裂騒動★を1面３段と社会面トップ、合計３枚の写真とツイート数の棒グラフ付きで大々的に報じていた。

緊迫しているはずの憲法改正問題が、なぜか読者の目から遠ざけられている。安倍晋三首相が同1月10日のＮＨＫの番組で「（夏の参院選は）改憲派で3分の2を」と発言した翌11日は、一応1面トップで、ただし番組内容だけを伝えた。翌々13日付の社説でも取り上げはしたものの、改正したい条項の明言を避けた首相は説明不十分で、「正しい筋道とは言いがたい」云々で終始。この調子では、第4章１５３ページで紹介する月刊誌『新潮45』15年11月号のエッセイ「朝日新聞が安保法制をほめたたえる日」も近いのかもしれない。

いうまでもなく、以上の指摘は北朝鮮の核実験やジャカルタでのテロ、台湾の総統選などを除外したものだ。とにかく詳しく正確にが第一、という大ニュースはもちろんある。とはいえ死者15人を出

★国民的な人気を誇った男性アイドルグループのメンバーらの、所属事務所との関係をめぐる対立劇が、この頃の最大の話題だった。正式な解散は2016年12月である。

した軽井沢のスキーバス事故★★でも、運行会社などへの批判が、彼らのような存在をのさばらせた規制緩和や市場原理万能主義、にもかかわらず同様の路線を採り続ける現政権に十分及んでいかないのはどうかしている。

大手マスコミは〝軽減税率〟と引き換えにジャーナリズムの魂を売り渡した、とは本欄でも再三論じてきた。だから「さもありなん」ではあるのだが、それにしたってひど過ぎる。今回は「朝日」以外を検討する紙数がなかったが、もしかしたら新聞もテレビも雑誌も、本当に〝オワコン〟（終わったコンテンツ）になってしまいつつあるのではないか。

狂気は熱狂とともにあるとは限らない。メディア総出で何事もないかのような演出が凝らされ、静かに、いつの間にか狂っていくものなのかもしれないという気がしてくる。

なお朝日新聞社では、相次ぐ失態に鑑《かんが》み、9月を「意識改革月間」とし、読者や地域との交流、役員との対話集会、官公庁や企業との懇親会等を実施して、顧客志向の社風を築いていく方針を固めたという。人材評価に「マナー・社会性・お客様を意識した取り組み」の項目を加えたり、現在はバラバラで一体感に欠ける名刺や封筒の体裁を統一する案も出ているとか。ジャーナリストの理想とはほど遠いサラリーマン記者が、ますます拡大再生産されていきそうだ。

（2016年2月1日）

★★2016年1月15日午前2時頃、国道18号線碓氷バイパスの入山峠付近で発生。死亡した65歳の運転手と57歳の交代要員の体内からアルコールは検出されなかった。

もう一言

朝日新聞はこの間、それなりに見事な紙面もしばしば提供してくれている。だから本稿には「書きすぎたかな」という思いがなくもないけれど、時に気の抜けた記事が目立つことには変わりがなく、どこか不安定な感じが否めない。新聞記者はいつの時代も、他者に先んじてスクープを抜き、読ませる解説を書くことが使命だと考える。マナーや社会性は取材にも必要だからまだしも、お客様云々《うんぬん》まで意識させて、「朝日」は新聞記者にマーケッターの役割まで担わせるつもりなのかと問いたい。

「読売新聞を読もう！」のココロ

いささか奇怪な提案をさせていただきたい。読売新聞を読もう！　というのは、こういうことである。

たとえば2015年11月7日付の朝刊各紙は、その前日に公表された放送倫理・番組向上機構（BPO）の放送倫理検証委員会による意見書を大きく報じた。NHKの「クローズアップ現代」が14年5月に放送した「追跡〝出家詐欺〟～狙われる宗教法人」など2番組に「重大な放送倫理違反があった」と指摘する一方、この問題をめぐる政府・与党のNHKへの介入を批判する内容だったが、在京紙の論調は例によって真っ二つに分かれた。

「介入」に焦点を当てたのは「朝日」「毎日」「東京」。「読売」「産経」は「倫理違反」重視――と、これだけなら、各紙の個性がよく出ていたというだけの話で済んでしまう。ところが少し読み込むと「読売」の異常さに気付く。1面、3面、社会面と、どこよりも大きなスペースを割きながら、「介入」についてはまったくといってよいほど触れていない。10日付朝刊の社説とも合わせ、徹頭徹尾、NHKの報道現場攻撃に終始した。あの「産経」でさえ無視できず、1面で「異例の政府批判も」の見出しを打たざるを得なかったのに、だ。

BPOが審議できるのは個々の番組内容でしかないのだから、実際、異例のニュースだった。だが「読売」しか読んでいない人には、その異例の政府批判も、ほとんど〝なかったこと〟にされてしまったわけである。

さて、では、そうまでデタラメな新聞を、どうして「読もう！」と勧めるのか。敢《あ》えて言う。デタラメだからこそ読むべきなのだ。「読売」の政権寄りぶりは尋常でない。これまでも集団的自衛権の行使容認に関する世論調査を恣意《しい》的な質問で賛成多数に誘導したり、政権中枢に近い北岡伸一・国際大学学長らに観測気球を打ち上げる場を積極的に提供するなどしてきたが、ＢＰＯの一件を見ると、もはや完全に政権の宣伝紙に成り下がった感がある。

社員数５０００人超を抱える巨大組織が、よくぞここまで意思を統一できるものだと思う。ジャーナリズム界にとっては残念きわまりない事態だけれども、ということは、「読売」さえ読めば、安倍晋三政権のデタラメさがストレートに理解できてしまうということでもある。

もちろん、「読売」だけでは彼らに情報を都合よく操られてしまうので、他紙も読み、雑誌や本で知識を補強しつつ、でなければならない。また「読売」の拡張員は伝統的にしつこいので、配達してもらうのは避けた方が懸命かもしれない。筆者もうっかり玄関を開けたら土下座され、断れなくなった経験がある。コンビニか駅の売店で、時おり購入するのがよいだろう。

なお「読売」は、２０１５年11月13日付朝刊に掲載したＢＰＯの川端和治《よしはる》委員長との一問一答は、彼らの政府批判にもかなりの字数を割いていた。せめてもの救いではあるものの、問題はやはり、第一報なのである。

（２０１５年11月23日）

もう一言

マスメディア企業はあまり一枚岩になってしまってはいけないと、筆者は思う。社内の議論の幅が狭まれば、上層部がおかしな方向に走った場合、修正がきかなくなるからだ。消費税が導入された１９８９年、「読売」のある地方支局にいた友人の記者から聞かされた話に、いささかゾッとしたことがある。「消費税に反対だという読者から、抗議の電話がたくさん入るんだ。ええ、ええと聞いていると、デスクに叱られる。ウチは消費税に賛成なんだから、そんな奴は怒鳴りつけてやれ、とね」。

「読売」の凄まじい社説によせて

読売新聞が凄まじい社説を掲載した。といっても、いつものような安倍晋三政権礼讃とは趣が違う。のっけから、こう来たのだ。

〈新聞は、民主主義と活字文化を支える重要な社会基盤の一つである。2017年4月の消費税率10％への引き上げ時★に導入する軽減税率の対象に、新聞を含めることについて理解を拡げたい〉（2016年2月20日付朝刊）。

国会では、「水道料金やNHKの受信料はなぜ対象外か」という議論も出た。これに対して社説は、前者はもともと低く抑えられているし、後者には低所得者向けの減免措置があると一蹴してのけた。

政権との癒着《ゆちゃく》を否定した点に至っては笑止千万。そんな追及は疑問だとして、なんと、〈首相は「新聞社だけでなく、フリーのジャーナリストにも会っている。私の考え方を聞きたい、自分の意見を言いたい、という人びとに会いたいからだ」と反論した。新聞社に手心を加えているとの勘ぐりは、全くの的外れである〉のだとか。開き直り方まで本家本元の首相そのまま。もっと言えば、まるで新聞に政策の決定権があるかのような物言いではないか。

ここに登場する「フリー」云々《うんぬん》とは、たとえば文芸評論家の小川榮太郎氏★★のような人物を指すのだろう。自他ともに認める首相応援団で、安保法制に批判的だったテレビキャスターらを糾弾する全面意見広告を「読売」や「産経」に出した「放送法遵守を求める視聴者の会」の呼びかけ人でもある。

なるほど新聞は本来、民主主義の要であるはずだ。が、市民社会の声も上がらぬうちから業界挙げ

★10％への増税は2度延期されている。当初の15年10月が17年4月、さらには19年10月へ。19年6月現在、3度目の延期となる可能性も消えていない。

て政権へのオネダリを繰り返した行為は、それだけで万死に値する。

もはや二度と信頼を取り戻すことはできないにせよ、こうなったからには絶対にやらなければならないことがある。過去の経緯を白状して懺悔《ざんげ》し、政権へのオベンチャラと、国民を首相の意向通りに誘導することばかりに腐心してきた紙面を、今度こそまともな方向に改めていく。それができて初めて、信頼までは無理でも、よほど寛容な人には存在を許してもらえないでもないかもしれないという、それほどの醜態なのである。にもかかわらず――。

読売の社説を読むと、彼らの言う〝公共財〟の意味が透けて見えてしまう。すなわち国家体制の僕《しもべ》として民衆を従順にさせる秩序維持機能。ここまで無様な主張は手控えている「読売」以外の新聞も、同じ穴のムジナだ。でなければどうして、インボイスの導入で零細事業の多くが廃業に追い込まれることを当然視した麻生太郎財務省の暴言（16年2月15日の衆院予算委員会で）を、批判どころか発言の中身を報じることもしないでいられるものか。

安倍首相周辺は最近、再増税を延期する可能性をチラつかせ始めた。軽減税率のニンジンで新聞をフルにコントロールできる期間を長くして、その間に改憲や戦争に踏み切る腹ではないか。

（２０１６年3月14日）

★★1967年生まれ。民主党政権に危機感を覚え、政治評論家の三宅久之氏らと安倍氏の復権運動を展開。2012年に彼を讃える『約束の日』（幻冬舎）を出版した。

もう一言

インボイス方式とは「適格請求書等保存方式」のこと。適格請求書等の保存を消費税の仕入税額控除の要件とする制度だ。納税義務のない零細事業者は発行できないため、取引から排除される危険が高まる。麻生氏は件《くだん》の予算委でこの問題を質《ただ》され、「そういった（廃業の）例がないとは言いませんよ。１つ２つあったとか、１００あったとか１０００あったとか、いろいろ例が出てくる」「別に驚くことはない」などと述べていた。２０２３年度からの導入が予定されている。

校閲のクラウドソーシングで無責任メディアへ？

恐ろしい言葉を聞いた。「校閲のクラウドソーシング」というものである。

クラウドソーシングとは、〈不特定多数の人の寄与を募り、必要とするサービス、アイデア、またはコンテンツを取得するプロセス〉（ウィキペディア）のことだ。crowd（群衆）とoutsourcing（外部に委託する）を掛け合わせた用語で、仕事を外注したい企業と参加したい人とのオンラインによるマッチング、とも言い換えられよう。

相手を選ばないので多様な業務への活用が可能で、大幅なコストダウンを図ることができる。いわゆる集合知によるバランスや、専門家には考えつかない斬新な発想も期待できるという。最近はＩＴ関連の企業のみならず、一般の大企業にも広がっている〝ビジネスモデル〟なのだとか。

一方で校閲とは、記事や文書の誤りや不備を公表前に指摘し、書き手や編集者に訂正を促す作業だ。昔から大手の出版社や新聞社にはプロの校閲職人が何人も在籍して、定期刊行物や書籍の完成度を高めてきた。ところがネットメディアの世界では、この校閲作業さえ、当然のようにクラウドソーシングだという。既存メディアがデジタル分野に参入する場合も同様の手法を採るケースが多く、その影響は既存の紙媒体にまで及びつつあるようだ。

本も新聞も売れない時代。メディア企業にとって、校閲のクラウドソーシングによるコスト削減効果は魅力であるに違いない。近い将来には校閲職人など無用の長物扱いされかねない状況である。だが、これは大変なことではあるまいか。

校閲は誤字脱字、「てにをは」を正すだけの仕事ではない。原稿に記された事実関係の確認や、論理の矛盾に疑問符をつけたりもする。要はメディアが読者に届ける商品に責任を負うのに不可欠の、ギリギリのチェック工程なのである。

それをクラウド（cloud＝雲、とも読める）に任せてしまおうとは。紙媒体の場合はもちろん、ネットメディアであろうとも、表現責任のほとんど放棄に等しい。

「集合知」なる概念への過信も気になる。ネットの発達が言論空間に呆《あき》れるほどの短絡やあからさまな差別を持ち込み、さらには増幅してきた過去の〝実績〟を省《かえり》みれば、むしろ「集合愚」に傾きがちな危険こそが考慮されるべきではないのか。

クラウドソーシングを群集の側から捉え、〝一億総活躍社会〟の具体的な事例として論じられる場面が増えてきた。ただしその際、市場からの退場に追い込まれていくプロたちのプライドおよび生活と、それらとも表裏一体の関係にある発注側の責任という重大テーマが、すっぽりと抜け落ちている。いや、敢《あ》えて本質が問われていないように思われてならないのだ。このところ急速に推進機運が高まってきた「シェアリングエコノミー」★の議論とも共通する陥穽《かんせい》だが、見て見ぬふりで済ませるつもりなら、今度こそジャーナリズムの自滅は近い。

（2016年3月28日）

★物や場所などを共有・交換して利用する仕組み、またはその仲介サービス。自家用車を使った配車サービス「ライドシェア」や、住居を貸し出す「民泊」が代表的だ。

もう一言

ネットの世界では、〝フェイクニュース〟がむしろ当たり前になってきた。プロのジャーナリズムにまともな校閲が存在しなくなれば、その品質は限りなくネット全般の平均値に近づけられていくに違いない。フリーの同業者や作家、メディア論の研究者たちの多くが、筆者と同じ危惧《きぐ》を抱き、警鐘を乱打しているが、一般社会はおろか、出版社や新聞社にもなかなか届かない。そんなことは二の次でいい、最優先すべきは経済的利益だ、とでもいわんばかりの態度が珍しくなくなっているのが悲しい。

権力と融合する物書きの危険

元外交官で作家の佐藤優氏★が、東京新聞のコラムで「教育の無償化」について書いていた（2016年4月15日付朝刊特報面）。それはそれで結構なのだが、足りない財源は消費税のさらなる増税で、とする論法は看過できない。

佐藤氏は15年12月11日付の同じ欄でも、新聞への軽減税率適用を喜んでいた。ジャーナリズムが権力にオネダリすれば要求される見返りも、弱い立場であるほど多くの負担を強いられる消費税の本質も、彼は何も知らないのか、知っていて無視を決め込んだのか。

いずれの主張も公明党の代弁であることは明白だ。彼は14年の『創価学会と平和主義』（朝日新書）あたりから学会との蜜月を深めていたが、15年11月、日蓮仏教研究者で僧侶の松岡幹夫氏との対談本『創価学会を語る』を学会系の第三文明社から刊行するに至って決定的になった。なにしろゴマスリの大安売りなのである。

〈池田（大作）先生が悟りを開いているのは、信仰を異にする私でさえわかります〉〈池田会長の人間としてのスケールは、「一国のリーダー」などというレベルの話ではありませんからね〉等々。

もともと鈴木宗男衆院議員をめぐる汚職事件に絡む背任容疑で逮捕されて世に知られた人物だ。保釈後は博覧強記ぶりを発揮し、右の産経新聞から左の『週刊金曜日』まで連載できる特異な才能を武器に、元NHKの池上彰氏と並んで言論マーケットを独占する大立者《おおだてもの》になった。にもかかわらず――。

アンチ学会のメディアが痛烈に批判したのは当然の成り行きだ。ジャーナリストの乙骨正生氏が主

★1960年生まれ。逮捕は“国策捜査”だったと一貫して主張している。2005年に発表した『国家の罠――外務省のラスプーチンと呼ばれて』が論壇デビュー作となった。

宰する月刊誌『フォーラム21』が3月号で「現代のトンデモ本・佐藤優著『創価学会を語る』を裁く」を特集。日蓮正宗の「異流義破折班」を謳《うた》うグループの新聞『慧妙』に至っては4月1日号の1面を同趣旨の論説で埋め、〈佐藤は、「希代の詐術使い」である〉とまで書いている。メディアの性格を割り引いても、頷《うなず》かざるを得ない点が少なくなかった。

佐藤氏がすり寄っているのは創価学会だけではない。小泉純一郎政権で新自由主義構造改革を強行し、今日の格差社会を招いた張本人である竹中平蔵・慶應義塾大学教授とも、16年4月に対談本『竹中先生、これからの「世界経済」について本音を話していいですか?』（ワニブックス）を出版。〈竹中さんは度量が広いし、国際基準からいっても彼はインテリなのである〉などとして、パソナグループの会長でもある政商の相変わらずの暴論に、「おっしゃる通りです」を連発していた。

学会にせよ竹中氏にせよ、対象を極端なヨイショをし始めた物書きには距離を置き始めるのが、かつては二流以上のメディアの習性だった。それでも佐藤優氏の人気は衰えない。超売れっ子が奇怪ともいえる言動を重ねる理由はなお不明だが、2大巨頭の一方が権力と融合していけば、世論全体が引きずられていきかねない。危険な状況だ。

（２０１６年４月25日）

もう一言

軽減税率は「公明党の粘り強い取り組みで導入が決まった」と宣伝されている（公明新聞２０１７年9月28日付など）。だが筆者が拙著『決定版　消費税のカラクリ』（ちくま文庫）のために取材した自民党税制調査会の関係者は、「食品の軽減税率は隠れ蓑。本命は新聞で、公明党はそれについては特にどうということもなかった。官邸の主導でしたよ」と語っていた。それを知らない佐藤氏でもなかろうに、ここまで公明党や創価学会に近づいて、彼はいったい、何をどうしたいのだろう？

豊洲新市場問題、石原元知事の責任は

元東京都知事の石原慎太郎氏が、小池百合子・現知事にすり寄っている。築地魚市場の移転先とされる豊洲新市場の土壌汚染問題について、「調査に協力したい」と面会を求めてきた事実が、2016年9月27日の定例記者会見で、ほかならぬ小池氏から明らかにされたのだ。

かねて〝大年増の厚化粧〟呼ばわりしていた相手の軍門に下ろうというのだから、つくづく恥の塊というしかない。あの男らしいといえば、それ以上でも以下でもない話だけれど。

とはいえ改めて思い知らされた発見もなくはなかった。石原慎太郎という人物は、確かにこの国のマスコミの化身だという悲劇である。弱い立場の人間にはどこまでも居丈高《いたけだか》な一方で、強い立場の者にはひたすら媚《こ》びまくる。豊洲問題をめぐる報道姿勢こそは、まさにこの原理原則のモデルケースだ。新市場の用地はもともと東京ガスの都市ガス製造工場だった土地で、土壌の毒性も周知の事実だった。にもかかわらず、新聞もテレビも雑誌もまともに取材しなかった。ただただ、移転計画の中心にいた石原氏にへつらうために――。

それが一転、ここに来て大騒ぎを始め、石原批判めいた報道も散見されるようになったのは、なぜか。この問題に熱心らしい小池新知事の人気が高く、在任当時の石原知事並みの権力を掌握しそうな勢いだからである。早い話がご機嫌取りだ。

彼ら――マスコミ――なりの葛藤《かっとう》はあるらしい。16年9月31日に都の内部調査報告書がまとまり、小池氏が「責任者を特定するのは難しい」と、いかにも自民党なカケヒキに走っても、各紙各局は

「都政改革へ徹底解明を」などと評しつつ、石原氏を名指しでは攻撃しないのである。今さら言えた義理ではないというわけだ。

都庁のどの役人が、どこのゼネコンの誰が悪かったのかと特定することが重要でないとは言わない。だがそれ以上に、あれだけの強権を振り回し、公金の横領等々で都政をとことん私物化してくれた石原氏に最大の責任があったことは、疑いようもない真実ではないか。

豊洲新市場をこの先どうするにしても、莫大な費用が必要になる。卑劣と無責任に服を着せたコソ泥に四選もさせた有権者都民の側もまた一定の咎《とが》を背負わなければならないのは当然にせよ、すべてを血税で賄《まかな》わされることには納得がいかない。石原氏をして私財を投げ打たせるところまで追い詰めることが、彼を持て囃《はや》したマスコミに唯一可能な、せめてもの償いだ。『週刊文春』（16年10月6日号）の「石原慎太郎とドン内田〝無責任コンビ〟の癒着《ゆちゃく》」がよく書けていた。石原氏のみっともなさを際立たせた取材は見事だが、文春にはこの記事を公にする前に、やるべきことがあるはずだった。

芥川賞の選考委員としての重用をはじめ、彼を長年にわたって増長させ、あれだけの恥知らずに育て上げた己の罪業を潔く認めた上での、全社的な陳謝である。その程度のこともできないのなら、これまで通りに石原氏べったりの商売を貫いてみせろとさえ言いたい。

（2016年10月10日）

もう一言

本稿執筆当時の小池知事の人気は凄かった。翌2017年9月には新党「希望の党」を結成し、代表に就任。直後の衆院選で民進党との合流を図ったが、安全保障政策や憲法観などが自分と異なる者は「排除いたします」とした発言が反発を買い、一気に求心力を低下させた。築地市場の移転問題に対する姿勢も尻すぼみで、やがて2018年10月には豊洲市場での取引が開始された。石原氏への責任追及も雲散霧消《うんさんむしょう》。野党を分断させ、自民党の絶対優位を導いたことでも、小池氏の責任は重大だ。

元「石原御用達メディア」の現在に思う

こんなことばかりしているから、〝マスコミってサイテー〟などと笑われるのだ、とつくづく思う。石原慎太郎・元東京都知事に対する、見事なまでの掌《てのひら》返しのことである。

テレビのワイドショーが連日、早朝の自宅を訪れて、「記者会見はいつか」と問い詰める。新聞にも石原批判が目白押しだ。豊洲新市場をめぐる都議会の参考人招致に絡んだ報道なのはいうまでもない。

それ自体が悪いのではまったくない。都知事時代の石原氏は、全財産を没収され、投獄されなくてはおかしい悪徳を犯し続けていた。ただ一点。今になって初めて、鬼の首を取ったかのようにはしゃいでいる報道陣には、勘違い男を天まで舞い上がらせたA級戦犯としての己たち自身に、いささかのオトシマエもつける気がないところが異様なのである。グロテスクもここに窮《きわ》まった。

極めつけが、『週刊文春』（2017年2月23日号）のトップ記事「石原慎太郎都政『血税豪遊』全記録」か。「四男事業に補助金7億円 小池が怒った親バカ陳情」「長男伸晃と同僚国会議員の会食19万円も都の交際費」「ワイン1本3万9千円 焼酎2万8千円 側近と会食16回 329万円」「海外出張34回5億円」「ガラパゴスは豪華クルーズ宿泊52万円」などと副題にある。

石原氏の公私混同、否、背任横領の常習犯らしさがよくわかったが、これらは〝文春砲〟のスクープでも何でもない。どれも彼の在任中から、共産党都議団や、その頃でも石原批判を恐れなかった稀少なメディアが明らかにしていた事実の焼き直しだ。

当時の『文春』は、そんな実態を完全に黙殺。何かといえば戦争したいと喚《わめ》き散らし、社会的弱者を罵倒《ばとう》するコソ泥に誌面を割いては、大衆の〝英雄〟に仕立て上げる役割を果たしてのけていた。

同じ月号（2月23日号）のライバル誌『週刊新潮』も興味深い。やはりトップの扱いで、「『石原慎太郎』独占インタビュー70分！『小池百合子は総理の器にあらず』」とは、一見、石原擁護のスタンスに映る。読者には、すわ、かつての石原機関誌2誌の仲間割れか、とも思わせてしまう。

だが、実際に読んでみると、違和感がタップリ。本人の語り下ろしが中心で、編集部の意図が入る余地の小さい原稿なのに、石原氏のみっともなさ、醜悪さばかりが伝わってくるのだ。相も変わらぬ無責任な言い逃れと、小池知事に対する、この際は当たっていようといまいと何の関係もない悪口雑言に終始しているからである。『新潮』も底意地が悪い。味方のふりをして、テーブルの下で相手の脛《すね》を思い切り蹴飛ばしている。

稀代《きだい》の差別主義者・石原慎太郎氏も、ようやく年貢の納め時である。当然の報いではあるけれど、元・石原御用達メディアの筆頭で、仲良く一緒に腐臭を放っていた『文春』と『新潮』くらいは、損得だけで動かず、最後まで守り続けてあげるのが人の道ではなかったか、とも思わせられた。嫌な都政、もとい、渡世だ。

（2017年2月27日）

もう一言

前項からの4カ月余りの間に、マスメディアの姿勢はずいぶんと変わった。元『週刊文春』記者で、独立後の長く文藝春秋の雑誌をホームグラウンドにしていた筆者が、あれよあれよと干されていったきっかけが、岩波書店の月刊誌『世界』で2003年に連載した「空疎な小皇帝――『石原慎太郎』という問題」だったことを思い出さずにはいられない。文春と石原氏との関係は承知していたから、一定のリスクは承知の上で始めた仕事だったとはいうものの、悲しくてやりきれなかったっけ。

「令和」の政治利用も批判せず

東京・渋谷の大型ビジョンに映し出された「令和」の額装。スマートフォンで文字を確認する若者たち。戸惑いつつ嬉しそうな、全国の「令和」さんインタビュー……。

2019年4月1日のテレビは全局みんな、こんなのばっかりだった。いったいどういう時代なのだろう。21世紀もはや20年近くが過ぎて、それでも民衆の心性はなお戦前のままということなのか。

今回の改元は天皇の死去に伴うものではない。だからマスコミは遠慮なくお祭り騒ぎに興じ、それにも乗じてアベシンゾー首相がとことん政治利用した。

「悠久の歴史と薫り高き文化、四季折々の美しい自然。こうした日本の国柄を、しっかりと次の時代へと引き継いでいく」

新元号の発表直後に記者会見を開いた首相は史上初めてだ。中国の古典から採るのが伝統の元号を、「日本の国書から」と誘導した★のもあの男である。はたして「万葉集」を引いたという「令和」は、近年の中国人や韓国人に向けられる〝ヘイト〟と表裏一体の〝日本スゴイ〟そのものだった。

アベ首相にとっては、改元も自らの独裁ぶりを誇示するネタ以上でも以下でもない。会見では「本日から本格的にスタートする働き方改革は、何年もかけてやっと実現するレベルの改革だ」「一億総活躍社会を作り上げることができれば、日本の未来は明るいと確信している」云々《うんぬん》と、例によって自己宣伝のオンパレードさえ。引き金になった「次の時代にどのような国造りをするのか」という質問も、どうせ事前の〝仕込み〟だったのだろう。

★典拠とされる『万葉集』の「梅花の歌三十二首」の序文も、しかし6世紀に成立した詩文集『文選《もんせん》』を踏まえている。国書といえども中国の影響は免れない。

にもかかわらず、マスコミは「令和」バンザイに終始した。筆者の知る限り、まともに批判したのは、東京新聞4月2日付朝刊特報面「違和感あり 首相会見／オレが決めたアピール？」だけ。元号とは天皇が即位している期間の称号なのに、「なぜ、その説明で安倍首相の思いを聞かねばならないのか」とするリードに始まり、「憲政史上の汚点」（政治評論家・森田実氏）、「国内外の人々の分断ばかりをつくり出している安倍首相が和を語るなど何様のつもりだ」（岡野八代・同志社大学教授）といった辛辣《しんらつ》なコメントを多く載せてくれていたのが、まだしもの救いになった。

私は元号のことをさほど深刻に考えないほうだった。西暦だって所詮《しょせん》は欧米列強の帝国主義とともにあったキリスト教暦でしかありはしない。天皇制に対する疑念はあっても、明仁天皇の振る舞いには嬉しくなることも多々あったから、銀行や病院で日付を記入する際、印刷された「平成」を消してまで西暦に書き直すようにしていた習慣も、常に実践していたというわけではなかった。

今回、噂されていたようにはアベ首相の「安」の字がつく元号にならず、不幸中の幸いだったとは思う。それでも私は、もう元号など二度と使わない。権力者に心の中まで支配されて喜ぶ、日本人のバカさかげんの象徴としか思えなくなった。ヘドが出る。

（2019年4月15日）

もう一言

筆者はまた、新元号の字面にどうしても引っ掛かりを感じてしまう。「令を下す」の令、「命令」の令なのだ。NHK第一ラジオの放送も、悪びれもせず、そう説明していた。万葉集の研究者で、「令和」の考案者であることを事実上認めている中西進氏がいくら「麗しき平和をもつ日本」の意味だと言ってくれても、最終的に改元の政令を出す内閣が同じ意識だとは限らない。「令和」がもともと安倍首相のお気に入りで、有識者会議でもそうなるよう誘導があったとする報道が多いのも気になる。

首相にヨイショの処世術バラエティー

卑しさとか媚《こ》びへつらいとか絶望とか、そんな要素を練り固めたような番組だった。フジテレビ系の情報バラエティー「ワイドナショー」（日曜午前10時～）が安倍晋三首相をゲストに招いた2016年5月1日の放送回。ダウンタウンの松本人志を筆頭に、出演者全員がタイコモチに徹したヨイショの連続が、なんと8・7％もの視聴率を上げたという（ビデオリサーチ調べ、関東地区）。

当初は4月17日だった放送予定が2週間延びたのは、14日に発生した熊本地震の影響だ。何事もなければ北海道と京都府での衆院補選の1週間前に流されていた。延期はされても、今度は7月の参院選までの日数が縮まったことになる。

はたして番組は安倍政権の宣伝そのものだった。この日は裏カジノ通いで五輪出場をフイにしたバドミントン選手、千葉県市川市で保育園が地域住民の反対で開園できずにいるというワイドショーネタ、外国人観光客の急増などが取り上げられたが、安倍氏の回答はソツがない。一見当たり障りがなさそうで、その実、質問のほうが政権PRの呼び水だらけなのだから当然だ。依存症対策を強調しつつカジノ解禁をアピールしたり、「子どもは国の宝」だと訴えたり。もともと待機児童問題になど関心がなく、例の「日本死ね」ブログ騒動で渋々、重い腰を浮かせて見せているだけのくせに。

アベノミクスの失敗も、格差の拡大も、もちろん黙殺。安保法制や憲法改正の問題に至っては、まるで存在さえしていないかのようだった。下手に言及されて勝手な熱を吹かれるよりは、まだしもマシではあるけれど。

「国のために（子どもを）産む」と宣言したのはＨＫＴ48の指原莉乃（元ＡＫＢ48）。普段は高圧的な態度が目立つ松本人志ときたら、「僕はおじいちゃん子。おじいちゃんたちが守ってくれたこの日本が大好きなんです。どこの国にも指図されたくないし、もう謝ってほしくない」だって。

オベンチャラばかりが飛び交う空間なら、誰でも余裕綽々《しゃくしゃく》で好印象を残すことができる。ファシズム体制下の処世術を、視聴者に教え込む番組でもあった。フジの亀山千広社長はこの間の定例記者会見で、選挙を控えた時期での安倍氏の起用に、「反省すべき点はない」と述べている。恥知らずとはこのことである。

他のメディアによるチェック機能もまったく働かなかった。全国紙では唯一、批判の真似事を試みていた毎日新聞も、腰が引けまくっていた。

〈要するに安倍政権が放送法を盾にやり玉に挙げる「不公平」とは、政権に批判的な放送を指すのであり、政権に都合のいい放送であればいくらでも一方的に流してもらって構わないということではなかろうか〉（16年4月20日付夕刊）。という程度。しかも専門編集委員名による、あくまでも個人的見解の扱いだ。もはや目も当てられない。日本のジャーナリズムはつくづく酷《ひど》いことになってしまっている。

（２０１６年５月16日）

もう一言

共謀罪が騒がれた際には「それで冤罪《えんざい》が起きても仕方がない」、モリ・カケ問題では「脇見運転みたいなもん」。松本の権力べったりぶりはエスカレートする一方だ。２０１７年12月15日の夜には、指原以下、タレントの東野幸治、社会学者の古市憲寿ら、「ワイドナショー」の取り巻き連を従え、東京都内の焼き肉店で安倍首相と会食していた（翌日の朝刊各紙による）。かつて〝笑いの天才〟とまで謳《うた》われた〝鬼才〟（筆者は面白いと思ったことがないが）の、なんとも物悲しい末路ではある。

首相が「熟読して」という新聞の「熱意」

２０１７年5月、共謀罪が衆院法務委員会で強行採決された。民主主義の終焉《しゅうえん》も間近しを思わせる。狂気だ。

この国の人々をとことん愚劣にしたマスメディアの責任は重い。土壇場にきた最近はさすがに、それなりの報道が散見されてはいた。たとえば安倍首相の友人が理事長の学校法人「加計学園」による獣医学部新設計画について、内閣府が文部科学省に「官邸の最高レベルが言っている」「総理のご意向だと聞いている」などと伝えていたことを記録した文書の存在をスクープした、２０１７年5月17日付の朝日新聞朝刊は見事だった。

だが遅すぎる。01年の9・11同時多発テロの前後から急激に縮んできた権力とマスメディアの距離が、もはや完全に重なり合った無惨が、憲法記念日の17年5月3日、読売新聞朝刊の1面トップによって証明された。〈憲法改正 20年施行 目標／首相インタビュー／9条に自衛隊明記〉。安倍氏の個人的な野望は、前月26日に官邸で語られたという。立憲主義の精神に基づき、大臣や国家公務員の憲法擁護義務を定めた現行憲法の全否定であると同時に、独裁宣言にほかならなかった。

あの「日本会議」★が当日に開いた集会でも、同じ内容のビデオメッセージが披露された。他の新聞やテレビも後追いし、安倍氏の言葉が日本中に溢《あふ》れた。メディアリテラシーの欠落した圧倒的多数には、何もかもが既成事実のように受け止められたのではないか。

〝独占会見〟に先立つ24日には、安倍氏と読売のナベツネこと渡辺恒雄主筆が東京・飯田橋の日本

★会員数3万8000人を擁する国内最大の右派団体。谷口雅春が創始した新興宗教「生長の家」から派生したとされ、新憲法制定や愛国心教育の推進を謳っている。

料理店「千代田」で会食していた（朝日「首相動静」欄など）。一連のシナリオはそこで確認された可能性が高い。「読売」は戦時中もかくやの大衆調教機関に成り果てたのである。

連休明けの国会は当然、騒然となった。だが安倍は、「あくまでも自民党総裁としての発言」だからと答弁を拒み、「読売新聞を熟読して」と言い放った。御用新聞だと名指しされた格好の「読売」にとっては、とてつもなく恥ずかしい事態であるはずだが、彼らは逆に胸を張った。〈本紙の報道姿勢について説明しておきたい〉として5月13日付朝刊に掲載された編集局長の署名記事には――。〈問題意識を持って独材（特ダネのことらしい――引用者中）を追い掛ける熱意が、さまざまな事実を掘り起こし、報道の質と信頼を高めていく〉。安倍氏の言う〝自民党総裁としての発言〟に〈首相インタビュー〉の見出しを与えた理由は、一言も述べられなかった。

「読売」だけが御用新聞ならば、私たちはどんなにか幸福だろう。だが残念ながら、毒はほとんどすべてのマスメディアに回りつつある。

同月15日夜、安倍氏は東京・内幸町の中国料理店「日比谷聘珍楼」で、大久保好男・日本テレビ社長や秋山光人・日経映像社長らと会食した。首相の動静を伝える通信社の配信記事から、翌日の「読売」と「日経」は、それぞれの系列局トップの名を削除して掲載していた。（２０１７年5月29日）

もう一言

読売新聞と安倍首相の一体化が最も酷かった時期かもしれない。本稿が「全国商工新聞」の紙面に掲載される直前にも、「読売」は前川喜平・前文部科学事務次官の〝出会い系バー〟通いを大々的に報じた。氏が加計学園の獣医学部新設問題をめぐる内部告発に踏み切る3日前。買春を仄《ほの》めかしながら、事実の裏付けは取られていない。暴露を察知した官邸の〝ご意向〟で、証言の信用性を損なわせる目的では、というのが定説だ。〝下足番新聞〟と切り捨てたのはジャーナリストの高野孟氏である。

「明治150年」と安倍政権の目論見

新年あけましておめでとうございます。憲法改正の発議が予想される年のお正月にしては、奇妙な社説が溢《あふ》れた在京各紙の元日紙面でした——。

〈緊張を安定に導く対北戦略を〉と題しておきながら北朝鮮の脅威を煽《あお》った「読売」と、〈繁栄守る道を自ら進もう〉と呼びかけて自衛隊員や、多重交通事故の際に日本人を助けようとして重態に陥ったという米兵を讃えた「産経」は、いずれも「らしい」。権力べったりで知られる両紙が、改憲を絶叫する社論を掲げていないのが不気味ではあったけれど。

深刻なのは、権力のチェック機能を期待される新聞群だ。崩れゆく国民の一体感を民主主義の統合機能で取り戻そうと求めた「毎日」の〈国民国家の揺らぎ 初めから同質の国はない〉も、社会保障や財政再建の未来を見据えよと促した「朝日」の〈来たるべき民主主義 より長い時間軸の政治を〉も、歯切れが悪くて、何を言いたいのかよくわからない。いや、前者は総動員体制の勧め、後者はさらなる消費税大増税をとぶち上げたいのが本音だが、さすがに元日早々では気が引けて半端な文章になった、というふうにも読める。

さらに気になったのは、〝明治150年〟の扱いだ。たとえば「東京」の「明治150年と民主主義」は、維新後に各地で沸き起こった自由民権運動が日本の民主主義の始まりだったとして、その後の展開を振り返り、現状を省《かえり》みて、議会の重要性を説いた。この際、明治憲法が明記した立憲制と議会制の民主的な側面に光を当てている。

〝明治150年〟には、「毎日」や「日経」、「産経」の社説も言及していた。触れなかったのは「朝日」と「読売」だが、やたら長期的視野を強調した「朝日」は他紙以上にこのテーマを意識した節があり、1面コラム「天声人語」にも、官製用語の使用を巧妙に避けつつも、幕末の「黒船」のエピソードを盛り込んでいた。

明治に学ぶのは結構なことである。近代化の光と影の歴史は、現代人にとっても大いなる教訓になり得るだろう。だが、安倍晋三政権が謳《うた》う〝明治150年〟の目論見《もくろみ》は違う。過去の言動や実際の政策の数々を総合すれば、富国強兵・殖産興業によって大日本帝国の建設に突っ走った時代の再現を――国策として――夢見ているのは明らかだ。

それへの批判を抜きにした〝明治のよいところ探し〟からは、どうせ逆らえないなら、せめて――という、諦めムードばかりが伝わってきてしまう。こうした態度は、〝明治150年〟キャンペーンの本質を覆い隠す効果を帯びかねず、危険である。あるいは、そのためにこその刷り込みか。「朝日」の消費税礼賛といい、19年10月に迫った新聞への軽減税率適用の毒が、早くも回ったのか。

……という具合で、はたしてメディアの幸先はよくありません。ですが、ならばどこがどう問題なのかを考える糧になるような本欄であるべく、今年も頑張ります。

（2018年1月15日）

もう一言

安倍首相の国威発揚《こくいはつよう》に賭ける執念は異常なほどだ。今後も2020年の東京五輪、25年の大阪万博、27年のリニア中央新幹線開業……と、大叔父の佐藤栄作首相が〝明治100年〟を祝った高度成長時代と重なる大規模プロジェクトを次々に打ち出して、大衆を操作しようとしている節がある。一方、2019年の改元騒動を見る限り、マスメディアの惨状は窮《きわ》まった。チェック機能を果たすどころか、必要な報道を怠ってまで熱狂を増幅させる役割を買って出ているとしか思えない。

政治家や役人に舐められるメディア

「森友（学園問題）の方がＴＰＰより、より重大だと考えているのが、日本の新聞のレベル」だと、麻生太郎副首相兼財務相は語った。２０１８年3月29日の参院財政金融委員会で、「茂木敏充経済再生相がＴＰＰ締結のためペルーに往復したことを新聞は1行も書かない」と憤ってみせた直後の発言だった。

翌30日には厚生労働省東京労働局の勝田智明局長が報道陣に、「なんなら皆さんのところに是正勧告してあげてもいいんだけど」と恫喝《どうかつ》した。定例記者会見で、違法な裁量労働制★による過労自殺者を出した野村不動産に関する質問が相次ぎ、「ノーコメント」を繰り返した挙げ句のセリフである。

つくづくくだらない人たちだ。仮にも指導的立場にありながら、民主主義社会におけるマスメディアの役割をまるで理解していない。己に都合よく世論誘導させる道具としか捉えていないから、批判されると自分の悪事を棚に上げ、捏造《ねつぞう》だ、低次元だと罵《ののし》る。安倍晋三政権では政治家も役人も、完全にネトウヨと同化してしまった。

勝田氏の場合は、裁量労働の合法化を狙う〝働き方改革〟への影響を恐れたと言われる。麻生氏は13年の「ナチス発言」をはじめ、もともと暴言の絶えない人だが、今回も凄まじいゲスっぷりをあからさまにしてくれた。実際には茂木氏が訪れたのはペルーでなくチリであり、しかも不参加を表明した米国抜きの新協定を署名しに行ったのであって、ＴＰＰ締結が目的ではなかった。新聞が書いていないというのも嘘。そもそもＴＰＰがどれほど重要な案件だろうと、それを推進した現政権に正当性

★勤務時間や仕事の進め方を労働者の裁量に委ねる制度。目的は生産性の向上。実労働時間に関係なく、定められた時間働いたとみなされ、残業代は定額しか出ない。

などあり得ない実態を証明しているのが森友問題なのだから、その大前提の方を報道が重視するのは当然至極の話ではないか。

残念ながら、しかし政権側の人間性の批判だけをしていればよい段階ではない。メディア側にも舐《な》められるだけの理由がある。

やはり29日の参院総務委員会では、共産党の山下芳生氏が、NHK関係者と見られる人物からの告発内容を明らかにした。それによると、同局のニュース番組には上層部が、「森友問題をトップで扱うな」「昭恵夫人の映像は使うな」などと命じているという。事実とすれば、公文書の改竄《かいざん》をめぐって一時は健闘していたNHKが、いつの間にかトーンダウンした原因はこれだったのか。

この期に及んでも、一度しみついた権力への盲従、忖度《そんたく》の習い性は、簡単には改まらないらしい。民放テレビは相変わらずネトウヨ芸人を重宝し続けているし、新聞はといえば、佐川宣寿氏が国税庁長官を辞任し、国会の証人喚問に応じてからは（答弁拒否の連発だったが）、追及の手を緩めてしまった。

新聞もまた、消費税の軽減税率適用を、業界挙げ政権首脳にオネダリをしまくった。これからは明確な見返りを求められるだろう。ジャーナリズムの魂を売り飛ばしたのかと私ごときに書かれたくなければ、紙面で応えてほしい。

（2018年4月9日）

もう一言

NHKの森友学園問題に関わる内幕は、この年の暮れに文藝春秋から出版された『安倍官邸vsNHK』に詳しい。著者は同局の元大阪報道部記者で、この問題でも当初から活躍した相澤冬樹氏。せっかくの特ダネ原稿が、ことごとく安倍官邸との繋がりを薄めるように書き換えられていったという。ついには記者職からの異動まで命じられ……。これでも受信料で成り立つ「公共放送」なのか。だが堕落したのはNHKだけではない。売り飛ばされた魂を取り戻すのは、容易なことではないだろう。

こちら特報

自民議員ら「宴会ツイッター」の波紋

豪雨 想定外で済むのか

懸命な救助対策が続く西日本豪雨では、自民党幹部らが「初動」の釈明に追われている。関西などで避難指示などが相次いでいた五日夜、自民党議員が宴会を開き、安倍晋三首相らも出席。参加議員たちが楽しげな模様をツイッターに投稿していたためだ。四十二人の死者・行方不明者が出た九州北部豪雨はちょうど一年前だ。「想定外」で済む災害なのか。（白名正和、大村歩）

自民党議員が５日夜に開いた宴会風景を投稿した西村康稔官房副長官のツイッター

安倍首相や小野寺五典防衛相も含む自民党議員が、衆院赤坂議員宿舎（東京都港区）で宴会を開いたのは五日夜だ。

内閣官房副長官の西村康稔衆院議員＝兵庫９区＝は「今夜は恒例の自民亭」として、グラスを掲げて笑顔で乾杯する首相らの画像をツイッターに投稿。「和気あいあいの中、若手議員も気さくな写真を取り放題！正に自由民主党」と軽快につぶやいた。宴会に参加した片山さつき参院議員も「若手と総理とのお写真撮ったり忙しく楽しい」と写真を公開した。

だが、五日と言えば近畿地方を中心に大雨が降り続け、気象庁が「西日本から東日本にかけて非常に激しい雨が断続的に数日間降り続き、記録的な大雨となる」と警告していたさなかだ。同日夜までに計十六万人に避難勧告が出ており、あまりに場違いなツイッターには批判が殺到。

危機管理強調なのに緊張感なし

豪雨災害の最中に安倍首相らが宴会に興じた「赤坂自民亭」（106ページ参照）を告発した「東京」2018年7月11日付。しかし問題にしない新聞・テレビの方が多かった

第3章　大問題が小さく扱われる

大災害のさなかに「赤坂自民亭」

広島県や愛媛県など中国・四国・九州・関西地方を襲った西日本豪雨は、２０１８年7月13日正午時点で死者２０４人、行方不明者は少なくとも62人という、壊滅的な大災害となった。自然災害は避けられないが、今回の場合、政府が初動の段階で少しは真面目な対応をしていたら、被害をもう少し抑えることができたかもしれなかった。

大雨が降り続き、大阪北部などでは避難勧告も出されていた5日夜。安倍晋三首相と取り巻きの自民党幹部および中堅・若手議員らが衆院赤坂議員宿舎に蝟集《いしゅう》し、どんちゃん騒ぎを繰り広げた。名付けて「赤坂自民亭」。この夜で27回目を迎えた党内の定期的な宴会だ。〝女将《おかみ》〟を翌日に麻原彰晃（63）とオウム真理教幹部6人の死刑執行を控えた上川陽子法相、〝若女将〟を小渕優子元経産相が務めた。自衛隊に救助活動の指示を出すべき小野寺五典防衛相もいた。この場にも死者や行方不明者の報が次々に入っていた。

安倍氏はこの夜のゲストだった。上機嫌で記者団に、「和気あいあいでよかった」などと語った。参加は9月末の党総裁選の根回しと見て間違いなく、しかも出馬が注目される岸田文雄政調会長まで飛び入りしたため、各社の政治部記者が取材していた。翌6日付の「産経」朝刊が、〈会場では、首相の地元・山口の地酒「獺祭《だっさい》」と岸田氏の地元・広島の地酒「賀茂鶴」が振る舞われ、出席者からは「どっちを飲むんだ」などと意味深な声も出た〉と、いかにも内輪受け狙い。他紙は概《おおむ》ね触れもしなかった。

週末7日の午後いっぱいを、安倍氏は私邸で過ごした。（各紙「首相動静」欄など）。豪雨がいっそう激しさを増し、もはや死傷者は合わせて100人を超えていた。つまり安倍氏は、大勢の犠牲者たちを尻目に己の権力維持のための宴会に興じ、休日を満喫したのだ。

西村康稔官房副長官が投稿したツイッターで宴席の模様が公になり、ネットニュースなどで広く拡散されたのは、ようやく8日になってからのことである。20人あまりが満面の笑顔で盃を交わしている集合写真や、安倍・岸田のツーショット。西村氏はこうした様子に、〈いいなあ自民党〉と、おおはしゃぎでコメントしていた。

だがその後も新聞の動きは鈍い。「東京」の11日付特報面が大きく報じた以外は、どの紙面も、取り上げなくはないのだが、事態の重大性に照らして極端に小さな扱いに終始している。

こうまで国民を愚弄《ぐろう》して恥じない首相にも議員にも、公人の資格などない。新聞は初めから承知していたのだから、せめて豪雨の被害状況を1面トップで伝え始めた8日付朝刊からは連日、その脇の1面ソデに凸版の大見出しで、安倍以下の政界引退勧告キャンペーンを大展開しなければならなかった。その程度のこともせず、なお権力との癒着《ゆちゃく》に血道を上げ続けている新聞にもまた、もはやジャーナリズムを名乗る資格がない。

（2018年7月23日）

もう一言

最近、この手の話題や、自民党政治家、官僚らの暴言・妄言の類を聞くと、いつも思う。この連中は国民をどこまで侮《あなど》り、嘲《あざけ》って、笑いものにするか、権力に近くない人間の生命や尊厳を踏みにじることができるかの、一種のチキンレースを戦わせている気分ではないのか。実際、選民意識だけを肥大化させた勘違い人間であるほど、安倍政権の下では出世していく。たまに世間の集中砲火を浴びて立場を失う者がいなくはないけれども、そんなのはたまたま間が悪かった例外でしかない、と。

国策リニアの弊害を伝えているか

「これほど大きな問題が、どうして、（マスコミに）あまり取り上げられてこなかったのでしょう?」記者会見ではこんな質問（?）まで飛び出したのだとか。２０１６年5月20日、27年に東京―名古屋間で開業予定のリニア中央新幹線の沿線住民ら７３８人が、ＪＲ東海の計画を認可した国を相手取り、処分の取り消しを求める訴訟を東京地裁に起こした際の一幕だ。

何をか言わんや。それはこちらのセリフだよ、と原告団一同は呆《あき》れたのではあるまいか。はたして翌21日付の在京紙各紙朝刊の扱いは小さかった。「東京」が第2面に凸版3段見出し＋写真と地図入りで報じたほかは、いずれも第2社会面で、「朝日」が2段、「毎日」と「産経」が横書きのフラッシュ（速報）で、読者の視界に入らないよう工夫されてでもいるかのような体裁。「読売」と「日経」に至っては、提訴の事実そのものを報じず、何もなかったことにしてしまっている。

己の立場をわかっていない記者が、それでも認識はしているらしいリニアの弊害は、半端なものでは決してない。原告側の主張を列挙してみよう。

①不要不急の事業で国民のメリットは乏しい、②採算性が悪く税金投入の可能性が高い、③大深度トンネル工事で大気汚染や水枯れ、残土問題、地価下落など生活環境が悪化する、④超電導磁気浮上方式による強力な磁力線の影響や膨大な電力消費、事故発生時の乗客の安全確保などに不安が残る、⑤南アルプスに掘られる長大なトンネルで貴重な自然遺産が失われ、巨大地震に連動した断層の発生による大事故が危惧《きぐ》される、等々。

原告団を組織した市民グループは従来も再三、国やJR側に指摘や質問を重ねてきたのだったが、解決策の提示どころか、誠意ある回答がなされたことさえ一度もない。リニアという〝国策〟に、今やこの国の政治経済を覆い尽くしつつある無責任の体系が凝縮された構図を追及すべき格好の契機を、にもかかわらず、ジャーナリズムは――。

今回は沖縄県うるま市の女性（20）が元海兵隊の米軍属シンザト・ケネフ・フランクリン容疑者（32）に殺害された事件の報道と、リニア訴訟報道と、どちらを検討するかで迷った。最終的に後者を選んだのは、前者についてはは各紙とも一応、人の道を踏み外していない社説を掲げていたためだ。とりわけ安倍晋三首相は伊勢志摩サミットで来日するオバマ大統領にも再発防止を厳しく申し入れよとした「朝日」と、政権内にある「間が悪い」とする声をきちんと批判した「日経」（ともに5月21日付朝刊）は、まずまず光っていた。

もっとも、だからといって原爆投下の謝罪もないオバマの広島訪問を足並み揃えて礼賛し続ける姿勢が改まったわけでもない。それでも、評価すべきは評価しながら、各社の内部で奮闘する記者や幹部たちを励ましていく必要がある。彼らまでが腐ってしまったら、本当にお終《しま》いだから。

（２０１６年5月30日）

もう一言

オバマ大統領が広島を訪れたのはこの年の5月27日。本稿は締め切りの関係でそれより前に書かれた。だが、彼の態度や演説が真摯《しんし》であっただけに、筆者の不安は募っていく。たとえば翌日の産経新聞の「米大統領の被爆地・広島への初訪問は、日米関係を戦争の痛手から強固な同盟に変えた」とする評価は正鵠《せいこく》を得ていよう。ただし同紙とは逆に、筆者はこの結果を否定的に捉えている。明確な謝罪が伴わない大統領の来広は、日本をむしろ米国の戦争に近づける結果をもたらしたのではないか。

女性暴行の官邸筋による揉み消し疑惑

元ＴＢＳワシントン支局長でテレビにもしばしば出演する山口敬之氏★（51）に暴行されたとして、被害を訴える女性・詩織さん（28、姓は非公開）が、検察審査会に審査を申し立てた。２０１７年5月29日に東京・霞が関の司法記者クラブで記者会見を開いて明らかにした。

それによれば、事件の発生は２０１５年４月。詩織さんは都内で山口氏と食事をした際に意識を失い、ホテルに連れ込まれてレイプされたという。彼女の被害届に基づき警視庁高輪署が捜査を進め、同年6月には準強姦《ごうかん》罪容疑の逮捕状も発せられたが、なぜか土壇場で見送られたのである。「上からの指示があった」というのが捜査員の説明だった。山口氏は後に書類送検されたものの、東京地裁が嫌疑不十分で不起訴処分にしている。

うら若い女性の、顔も名前も公にした訴えだ。証言の信憑《しんぴょう》性は高い。ところが、マスメディアの反応はすこぶる鈍い――いや逆に、過剰反応も甚だしいと言うべきなのか。

翌日の在京各紙朝刊を比べると、「朝日」と「読売」はこのニュースに1行も触れなかった。「東京」「毎日」「産経」「日経」は報じはしたが、いずれもベタ（1段見出し）の小さな扱い。テレビはＮＨＫも民放も取り上げないか、多少は伝えても、恐ろしく腰が引けていた。著名人が絡んだこの種の事件では、よってたかって〝犯人〟側を血祭りに上げるのが定番のワイドショーや、いわゆる情報バラエティ番組までが、だ。

なぜか。現在はフリージャーナリストを名乗っている山口氏が、安倍晋三政権の忠実な宣伝マンだ

★1966年生まれ。ＴＢＳでは政治部などで活動した。2016年に退社。共同で財団を立ち上げた齊藤元章氏はスパコン開発の助成金を詐取して、有罪判決を受けている。

から、と断じて差し支えあるまい。

　山口氏が16年来、幻冬舎から出版してきた『総理』『暗闘』といった著作は、いずれも安倍政権を礼賛したものだ。17年に入って森友学園疑惑が浮上してからは、フジテレビとテレビ朝日を中心に情報バラエティ番組に出演しまくって、安倍擁護の主張を繰り返してきた。

　要は官邸の代弁者だ。そもそも彼が逮捕を免れたのも、菅義偉官房長官の寵愛を受け、将来の警察庁長官間違いなしと言われるエリート官僚・中村格《いたる》氏★★が、直前にストップをかけたからだと、この事件を最初に報じた『週刊新潮』（17年5月18日号）が、中村氏本人の「私が決裁した」というコメント入りで伝えている。

　共謀罪の創設で一般人には徹底的な監視の網をかけようとする一方で、都合がよくて便利な家臣の犯罪容疑は揉み消す。安倍政権はファシズムそのものだ。

　それでもあの男が退陣に追い込まれない最大の理由は、権力にチェック機能としての使命を放棄し、むしろすり寄っていく一方のマスメディアの堕落である。山口氏のレイプおよび官邸筋による揉み消し疑惑までがウヤムヤにされてしまうようなら、この国のマスメディアには、もはや何一つ報じる資格がない。

（２０１７年6月12日）

★★東京大学法学部を卒業して1986年に警察庁に入庁。事件をもみ消したのは菅長官の秘書官を経た直後の警視庁刑事部長時代である。2018年から警察庁官房長。

もう一言

　この事件については後に２０１８年8月、英国ＢＢＣがドキュメンタリー番組“Japan's Secret Shame”（日本の秘められた恥）を放送。当然、日本と日本国民は世界中に軽蔑されたし、今もそれは変わらない。19年2月には自民党の田畑毅衆院議員（当時46）が準強制性交容疑の告訴状を提出されていた事実も発覚し、辞任に追い込まれている。ゴキブリは1匹見つけたら、１００匹はいるという。権力に近い者は何をしても許されると思いこんでいるらしい人々が恐ろしい。

首相「御用ライター」のスキャンダル

ジャーナリストの伊藤詩織氏★が、2017年10月18日に新著『Black Box』（文藝春秋）を刊行した。伊藤氏は15年4月に元TBSワシントン支局長で安倍首相の〝御用ライター〟として知られる山口敬之氏に暴行され、しかも警察に揉み消されてしまった体験を、17年5月に記者会見して公表した女性。検察審査会にも「不起訴相当」とされた経緯を受けての出版となった。

警視庁高輪署は事件発生当時、山口氏を逮捕する寸前に、中村格《いたる》刑事部長（元官房長官秘書官）の中止命令を受けていた。この事実関係は中村氏本人も認めている（『週刊新潮』17年5月18日号）。新著には捜査機関の対応がさらに詳述されている。逮捕中止後に担当となった高輪署の担当者は彼女に、社会的な地位のある人は、「逃走の恐れがない」から、「逮捕の必要はない」と話したという。伊藤氏はまた、この間に2度、中村氏に直接アプローチしていた。出勤途中の中村氏に声をかけようとしたら、〈すごい勢いで逃げた。人生で警察を追い掛けることがあるとは思わなかった〉。

一方の山口氏は、『月刊Hanada』12月号に〝手記〟を発表。〈詩織さん、あなたは性犯罪被害者ではありません〉などとする筆致で、行為は合意の上だとにおわせつつ、暴行疑惑を全否定してみせた。

筆者自身は現場を目撃していない。捜査権もないので真相解明は手に余る。とはいえ、双方の主張を比較し、また伊藤氏の立場を考慮すれば、理《ことわり》がどちらの側にあるのかは、おのずと明らかなのではあるまいか。

そんな応酬の中で、山口氏をめぐるもう一つのスキャンダルが発掘された。『週刊新潮』（17年10月

★1989年生まれ。『Black Box』の出版を機にフルネームが公開されている。

26日号）の「『安倍』総理を援護したくて虚報発信‼　週刊文春『韓国軍に慰安婦』記事は山口記者の捏造《ねつぞう》か」によると、彼が表舞台に登場する契機となった「歴史的スクープ　韓国軍にベトナム慰安婦がいた！　米機密公文書が暴く朴槿恵の〝急所〟」（『週刊文春』15年4月2日号）は、たしかに〝機密〟ではあったらしい文書をあえて歪曲し、取材先のコメントもでっち上げていた疑いが濃いという。

詳細は割愛するしかない。ただ、ここで注目を促しておきたいのは、山口氏の依頼で実際の調査を進めたリサーチャーの証言だ。〈「（文春の）記事を読んで頭に過《よぎ》ったのは、リサーチ結果を待っていたのは政府の人間だったかもしれない、ということでした」〉。

『新潮』はこの言葉を、傍証《ぼうしょう》も紹介しながら取り上げた。対する『週刊文春』（17年11月2日号）に掲載された反論記事は、『新潮』の取材の不備を指摘してはいたものの、問題の記事に政府が関与していた可能性には触れず仕舞いだった。

一時は雲隠れしていた山口氏は、いつの間にか復活しつつあるらしい。前出『Hanada』と同じ日に発売された『月刊WiLL』17年12月号に、「解散前夜の決断と懊悩　安倍総理の〝どす黒い孤独〟」を寄せて、再び権力べったりの言説を垂れ流し始めた。なんという時代か。

（２０１８年11月６日）

もう一言

『週刊新潮』には　リサーチャーの証言を裏付ける形で、山口氏が山田重夫・駐米公使（当時）と交わしたメールのやり取りも引かれていた。「韓国軍にベトナム慰安婦がいた！」が、官邸とのすり合わせの上で発表された証拠と言っていいだろう。山口氏の手になるその記事は２０１６年度大宅壮一ノンフィクション賞（雑誌部門）の候補にも挙げられた。最終的には別の作品が受賞したのだったが、かねて筆者も目標にし、候補にもなれずじまいだった権威ある賞である。なんだか虚しい。

性暴力省みる視点を持つべき

コンゴ（旧ザイール）のデニ・ムクウェゲ医師★（63）と、クルド民族の少数派ヤジディ教徒で活動家のナディア・ムラドさん★★（25）が、２０１８年のノーベル平和賞に選ばれた。具体的な取り組みや背景は異なるが、いずれも紛争地域における性暴力の撲滅に尽力している人物だ。

18年10月5日の午後6時（日本時間）、ノーベル賞委員会の決定と同じ時刻に始まったＮＨＫニュース。発表の同時通訳が、なぜか突然中断され、台風情報の画面に切り替えられてしまった。放送事故かと思ったが、台風の後も次々に新しいニュースが流されていく。お詫びの類はなく、平和賞についてもそれっきり。

翌日の新聞各紙を読んで腑《ふ》に落ちた。紛争地域の性暴力といえば、日本でも従軍「慰安婦」の歴史がなお現在進行形の重大問題であり続けている。２人の受賞を報じるなら、自らをも省《かえり》みる視点が伴わなければならない道理だが、史実に多少とも言及した在京紙は、「朝日」「毎日」「東京」の3紙だけ。「読売」「産経」「日経」は、どこまでも海の向こうの、日本とは無関係のトピックとして扱った。

一応は言及した朝、毎、東にしたところで、決して褒められたものではない。「毎日」は性暴力が20世紀後半の戦争から敵に精神的なダメージを与える〝武器〟にされてきたと解説する記事の中で、〈一方、戦時中の性暴力に関しては、日本と韓国の間で90年代以降、「慰安婦」問題が懸案となってきた〉と紹介。「東京」はまさに「慰安婦」問題を追及している「女たちの戦争と平和資料館」（ｗａｍ）の館長が語った、２年前に来日したムクウェゲ氏が同館を訪れ、「慰安婦」たちの証言映像を見

★産婦人科医。コンゴ東部のブカウに設立した病院を拠点に、第２次コンゴ内戦以来の戦乱でレイプ被害に遭った3万人以上の女性の治療や精神的ケアに当たっている。

て涙し、「コンゴでも同じ言葉を被害者から何度も聞いた」と漏らしていたというエピソードを取り上げたものの、そこまで。両紙とも極端に腰が引けていた。

ほかならぬノルウェー・ノーベル委員会のライスアンデシェン委員長に、平和賞発表直後の談話を取ったのは「朝日」である。委員長は「慰安婦」問題にも触れ、「彼女たちも性暴力の被害者だ」と答えたそうだが、この発言も紙面では見出しにもされずに小さく載ったに過ぎず、それ以上の論説も何もなかった。

いかにも軽減税率や東京五輪のスポンサー契約で政権に盾突かないのが習い性になった今時の新聞だ。もはや〝安倍ちゃんねる〟に成り下がったＮＨＫにきちんと報じろと言う方が無理かとため息をつき、もしかしたら放送中に官邸から止めろとでも命令でもされたかなと考えかけた時。

ネットメディア「リテラ」（18年10月6日配信）で、ムクウェゲ氏が前記のｗａｍ訪問の際、こんな言葉を残しているという記事を見つけた。「（日本政府は）被害者の要求を受け入れ、許しを求めなければならない」。出典は16年10月6日に配信された共同通信の記事だとあり、筆者も確認した。この国の権力はあまりにもおぞましく、ジャーナリズムの弱体化は止まるところを知らない。

（２０１８年10月22日）

★★人身取引に関する国連親善大使。2014年に故郷の村でＩＳ（イスラム国）の男たちに３ヵ月間も拘束された体験を持つ女性である。

もう一言

あらためて地方紙を含む新聞データベースを検索したが、ムクウェゲ氏のｗａｍ訪問を書いた新聞は「東京」だけだった。西日本新聞の社説（２０１８年10月11日付朝刊）が、２人の受賞の意義と「慰安婦」問題を絡めて論じていたのが目立つ程度。国挙げて恥知らずを続けている間に、日本の国際的信用は低下の一途を辿《たど》っていく。韓国の外相が国連人権委員会で、今回のノーベル平和賞を1月に死去した元「慰安婦」の金福童《キムボクトン》さんが病床で喜んだろうと述べたのは、２０１９年２月のことである。

稲田朋美氏の防衛相辞任報道に思う

稲田朋美防衛相が2017年7月28日に辞任した。今さら原因を詳説する必要はないだろう。当日および翌日の在京紙朝刊に大差は認められなかった。解説や社説もおしなべて通り一遍というか、過去の彼女の言動整理に終始した感じだ。

やや光ったのは、ズバリ「公正公平であるべき特別防衛監察制度が『疑惑』の人物を守る道具として使われた」と指摘した「朝日」か。1面で扱いはしたものの、同じ28日の深夜に日本のEEZ（排他的経済水域）に落下したとされる北朝鮮のミサイル発射の陰に追いやった「読売」と、「首相の期待と温情は、稲田氏の将来の芽も摘んでしまった」と、複雑な思いを綴った「産経」も、目立つことは目立った。

記者会見で稲田氏は、「（辞任を）かねて首相に相談していた」と述べたが、ならば日報隠蔽《いんぺい》問題★の説明もしたのかとの質問が相次いだ事実を取り上げたのは「東京」のみ。報道陣の関心は、「一切報告を受けていない」と繰り返してきた安倍首相の答弁の真偽だったのだから、掘り下げた記事が読みたかった（いずれも17年7月29日付）。

それにしても、とあらためて思う。稲田氏が閣僚としての資質など待ち合わせていないことは、初めから明白だった。先の都議選の応援演説における「（自民党候補への投票を）防衛省、自衛隊、防衛大臣、自民党としてもお願いしたい」は、政治家以前に本業のはずの弁護士も失格だが、実はほとんど人間失格の言葉さえ、この〝防衛相〟は吐いていた。

『週刊金曜日』（17年3月10日号）によると、妄言は同年1月19日の夜、都内のレストランで発せら

★2016年、防衛省は陸自の南スーダンPKO派遣部隊の「日報」を不存在として情報開示請求を退けた。データには、現地が「戦闘」状態にある旨が記されていた。

れたという。防衛担当記者約20人を集めた懇談会で、稲田氏は翌日に予定されていた習志野演習場（千葉県）での自衛隊降下訓練に参加できないと残念がっていた。それで「来年は絶対やりたい」と、赤ワインを片手に、こう続けたそうだ。「みんな一緒にやりましょうよ。私、天皇陛下バンザーイって言ってやろうかな」。

！　これでは「バンザイ・クリフ」ではないか。１９４４年7月、戦前からの委任統治領だったサイパン島が米軍に侵攻され、日本軍守備隊も全滅。約１万人の日本人住民（沖縄からの移民が6割を占めた）が自決に追い込まれたが、この時、多くは島最北端の断崖から「天皇陛下バンザイ！」と叫んで飛び降り自殺したのである。

それほどの悲劇を、ほかならぬ防衛相が、酒の席での冗談にした。秘書官は青ざめていたという。その場に居合わせた記者の全員が、なのに書かなかった。

事ここに至るまでの、たとえば「産経」は、15年6月3日のデジタル版で、「【サイパン戦跡】集団自決地で不謹慎な振る舞い……バンザイクリフで万歳するか？」と題するコラムを配信していた。矛先は「中国人や韓国人」および日本人の「笑顔の若者たち」。はるかに悪質な稲田氏にも、せめて同じ程度の批判を向けてくれていたら、と嘆かずにはいられない。

（２０１７年8月7日）

もう一言

辞任直後の衆院選で、それでも稲田氏は圧勝した。その後はさすがに表立った活動を控えているようだが、自民党内では総裁特別補佐兼筆頭副幹事長の職にあり、相変わらず安倍首相の覚えはめでたいらしい。２０１９年3月には党内に「女性議員飛躍の会」を結成し、共同代表に就任。二階俊博幹事長をゲストに招くなど、健在アピールに躍起だ。が、不見識きわまりない人物の跋扈《ばっこ》は、それこそ国を危うくする。保守を標榜《ひょうぼう》するメディアほど、警戒を怠るべきではないと考えるが、いかがか。

新聞がＥＶに関する疑問に答えないのはなぜ

金正恩vsトランプ・安倍連合軍の茶番劇報道に明け暮れた２０１７年のお盆休み。誰がどう見てもバカバカしさの窮《きわ》みについてはとりあえず措《お》いて、今回はなぜかまともには取り上げられない重大なテーマを。同年８月４日に発表された、トヨタとマツダの資本業務提携の件である。

今や世界の自動車業界はＥＶ（電気自動車）へのシフトを加速させている。ハイブリッド車で先行した分、ＥＶには出遅れていたトヨタが起死回生を図る〝日の丸連合〟。経済マスコミに溢《あふ》れるのは、温室効果ガスの削減や新しい産業の振興を期待する論説ばかりだが、それだけで済む話だろうか。

どの新聞も、ＥＶに関する最大の疑問に答えてくれていない。車の電動化は「脱石油化」でもあり、エネルギー産業に大きな影響を及ぼすとして、〈ＥＶが使う電気を、発電時に二酸化炭素（ＣＯ$_2$）を出す火力発電所でつくるのでは、温暖化防止の意味は薄れる。原発はＣＯ$_2$を出さないが安全性に問題がある。再生可能エネルギーが一層重要になるだろう〉。ほんの少しだけ触れていた北海道新聞の社説（同月13日付朝刊）を挙げよう。

当然、今後の焦点になるべき議論なのに、新聞データベースでいくら「トヨタ」「マツダ」「ＥＶ」「原発」を掛けて検索しても、記事が出てこない。道新（北海道新聞）以外には日刊工業新聞（同月14日付）が、英仏やインドのＥＶ推進政策を紹介しつつ、〈電力供給など実現に向けた課題はあるものの〉と示唆していたのが目立つ程度だ。

日頃は原発に批判的な「朝日」や「東京」も、ＥＶの推進が原発の復権に繋がりかねない危険を孕《はら》む状況には目をふさぐ。政府や産業界寄りではないと目されている「毎日」の解説〈同月９日付朝刊〉ときたら、〈ＥＶが普及しても、電力需要の増加分を再生可能エネルギーだけでまかなえず化石燃料による火力発電で補った場合、CO_2排出量の削減効果が限られるという課題もある〉と、敢《あ》えて原発の欠点を持ち出さず、結局はそれしかないかと思わせるように書かれていた。

本来なら、各社の科学報道部門の出番が望まれる局面であるはずだ。メーカーや監督官庁の動きが水面下でしか進んでいない段階でも、専門家への取材や独自の分析で、理論的な可能性や裏付けを探っていく機能と能力を、彼らは持っている。しかし――。

たとえば朝日新聞が科学部を創設したのは１９５７年５月。南極に昭和基地が開設されたり、ソ連が世界初の人工衛星・スプートニクを打ち上げたのと前後して、茨城県東海村に建てられた国内最初の原子炉ＪＲＲ―１が臨界に達した、〝科学技術の時代〟の幕開けとされる年である。

同紙の元記者が何かの席で、「朝日の科学部は原発推進をビジネスにする目的で発足したんです」と話していたのを思い出す。とすれば、他社も推して知るべし。これだけでは断ずる材料にはならないが。

（２０１７年８月28日）

もう一言

本稿の問題意識はその後も解消されない。高齢化・過疎化が進む日本では特に、「小規模地産地消発電による送電網の効率化、その電力の活用による車（ＥＶ）」など、新しいモビリティーの創造が必要だと強調した藤原清志マツダ副社長の論文「自動車企業が考えるＥＶのあるべき姿　マツダが考える理想のＥＶ社会」がわずかに光ったが、掲載誌の『一橋ビジネスレビュー』（２０１８年夏号）は一橋大学イノベーション研究センターの責任編集だから、ジャーナリズムの成果とは言い難かった。

エッセイストの決断

〈週刊新潮と全く同じ路線とってんじゃねーよ〉。そう書いて、エッセイストの能町みね子氏は『週刊文春』の連載コラム「言葉尻とらえ隊」を休載した。「同じ路線」というのは、２０１７年11月の横綱日馬富士の暴行事件に端を発した、一連の大相撲報道のことである。

話題の中心が相撲協会の内情に移って以降のマスコミは、総じて貴乃花親方への傾斜を強めていたが、中でも『文春』は、彼のほとんど宣伝機関を思わせた。あまりに一方的な同誌の姿勢を、相撲界の隅々まで熟知した熱狂的なファンである能町氏は許せなかった。最後のコラムが載った18年2月15日号のトップ記事は、奇《く》しくも「なぜ2票？　裏切者は？　〝怪しい顧問〟とは？　貴の岩は？　貴乃花答える！　独占90分」だった。

〈幻滅と疲労感〉が酷《ひど》かった、とも能町氏は書いている。それにしても、休載にまで至った理由は、本当にそれだけなのだろうか。違うと思う……否、違っていてほしい。

貴乃花は、とかく同国人同士の馴れ合い相撲に陥りやすいという日馬富士や白鵬らを快く思っていないと言われる。テレビのワイドショーなどが伝える彼の主張は、強いモンゴル人力士に対するバッシングにしか聞こえず、それがまた在日へイト、沖縄へイトよろしく、何であれ異端な存在は排除したがる日本社会の現状に、ピタリとハマってしまう。

毎度のことながら、情けなさすぎる風潮だ。モンゴル人力士に負けたくないなら、日本人力士が強くなればよいのである。絶対的な横綱を親方たちが育てればよいだけの話だ。格闘技の世界は、一にも二にも〝強いこと〟が絶対ではないのか。

〝国技〟としての「相撲道」を唱える〝求道者〟として知られる貴乃花に寄った報道は、そこでなおさら厄介な波紋を広げる。彼には過去の洗脳疑惑や近年のカルト宗教への肩入れといった要素もあり、それゆえ、いわゆるネトウヨのアイコンにされつつあったともいわれる。

こうした『文春』の方向性は、大相撲報道に限られてはいない。保守的な社風ではあっても世間の大勢に抗し、敢《あ》えて逆張《ぎゃくば》りするのを真骨頂とした黄金時代の文春ジャーナリズムはどこへやら、第2次安倍晋三政権になって以来の体制ベッタリぶりは、心あるマスコミ人の眉を顰《ひそ》めさせている。

休載に踏み切った能町氏の決断は多くの共感を集めたが、どちらかといえば、「それでも続けてほしかった」という声が小さくないようだ。ウリになる大特集と異なるスタンスの文章が同じ誌面に載ることが大切なのだ、と。

しかし私は、もはや普通の筋論を言っている場合ではないと思う。プロの物書きが嫌気の差した誌面に書き続ける必要などない。それで『文春』の堕落が加速度を増すというなら、どのみちその程度のものだったのだ。マスコミの全体も、ここまで来たら、行くところまで行かせ、ゼロからやり直していただくしかない気がする。

（2018年2月26日）

もう一言

能町氏はその後、3カ月ほどで『週刊文春』の連載を再開した。何がきっかけだったのかはわからないし、生き方は人それぞれだから、そんな成り行き自体はどうでもよい。本稿にしても、筆者自身が大相撲報道について特段の見解があって書いたわけではなかった。ただ、物書きとメディアの間には一定の緊張関係があるべきだという思いがやみがたくて述べたのである。……ではあるけれど、わずか3カ月で元の鞘に納まるものを、〝緊張〟と受け止めてよかったのか。いささか恥ずかしい。

報じられなかった内閣不信任案

第196通常国会が2018年7月20日に閉幕した。森友・加計学園問題などで安倍晋三首相は一向に説明責任を果たさぬままだった。国会の会期はあと2日間を残していたのだが、立憲民主党や国民民主党、共産党、自由党、社民党、無所属の会などが提出した内閣不信任案は与党の反対多数で否決され、閉会に必要な手続きが取られてしまったものである。

不信任案の趣旨弁明では、立民党の枝野幸男代表が衆院本会議で2時間43分の演説を行った。翌21日の朝刊各紙はどこも小さな扱いだったので、国会中継を見ていない筆者は一読、大した内容ではなかったのかなあと残念に思った。

〈(枝野は)フィリバスター(議事妨害)を行い、政府・与党に最後の抵抗をした〉といかにもの冷笑だった「読売」と、〝事実上の閉会〟を報じる本記で、〈演説時間は、衆院で記録の残る昭和47年以降で最長となった〉と敢《あ》えて軽く触れただけの「産経」は、どうせ御用新聞だ。筆者が失望したのは、「朝日」「毎日」「東京」「日経」が、どうでもいい話として処理していたからだった。

だが、試みに有志がネットに上げた文字起こしを読み、動画を確認して驚いた。枝野氏の演説はきわめて格調高く、惚《ほ》れ惚《ぼ》れするほど的確な政権批判だったのである。

彼が挙げた不信任の理由は大きく7つ。「過労死を増やす高度プロフェッショナル制度の強行」「カジノ法案の強行」「アベノミクスの限界の露呈」「モリカケ問題」「不誠実な答弁、民主主義のはき違え」「行き詰まる外交と混乱する安全保障」の各テーマだ。「日本人がギャンブルで損をした金で海外のカジノ業者を潤わせる。国を売るようなことではないか」とか、「公文書を改竄《かいざん》したことは、国会を通して国民を騙《だま》したということ」、「民主主義とは単純な多数決とイコールではない」「官僚の皆さんの本来の仕事は官邸の忖度《そんたく》ではなく国民の思いを忖度すること」……等々と指摘し、「この国会は民主主義と立憲主義の見地から、憲政史上最悪の国会になってしまったと言わざるを得ません」、「（安倍氏は）後の歴史に断罪されることがないよう、一刻も早く身を退かれることをお勧めします」などと結んでいった。

不思議でならないのは、どうしてこの枝野演説をまともに紹介する新聞が1つも存在しなかったのか、ということ。各紙とも全文掲載が当然の充実した内容なのに、だ。

振り返れば枝野氏は、15年9月、あの安保法制（戦争法制）をめぐる内閣不信任案提出の際にも、見事な演説をしていた。今国会の〝働き方改革〟関連法案の審議では、やはり立民党の西村智奈美衆院議員が厚生労働相の不信任案提出に臨んで、やはり筋の通った批判をしていたのである。

だが真っ当な報道は皆無だった。あったことをなかったことにするのが日本の新聞記者なのか。記者たちよ、性根を入れ替えろ。でないと最低のタイコモチに成り下がる。もう遅いかも、だが。

（2018年8月6日）

もう一言

こういうことがあまりにも多い。最近は新聞が軽減税率で特別扱いを受けることになっている消費税をめぐる論戦で特に目立つが、2019年2月12日の衆院予算委員会での日本共産党・志位和夫委員長、同年3月18日の参院予算委員会での自由党・山本太郎氏の質問などは広く伝えられなければならなかった典型だと思われる。詳細はネットで国会議事録を検索すれば容易に読める仕組みになっているからこそ、インデックスとしての新聞報道が重要になるのは、子どもでもわかる理屈なのに。

新聞が伝えないジャパン・ハンドラーの議論

2018年10月26日、東京都内で日本経済新聞社とCSIS（米戦略国際問題研究所、本部ワシントン）の共催によるシンポジウム「激動するアジアと試練の日米同盟」が開かれたので参加した。会場になった日比谷の帝国ホテル二階「孔雀の間」には、1000人を超える聴衆が溢《あふ》れていた。

CSISとは外交と国家安全保障問題に特化した米国の民間シンクタンクである。いわゆるジャパン・ハンドラーたちの拠点だ。日本からも小泉進次郎氏をはじめ、多くの若手官僚や政治家、ビジネスマンが籍を置いてきた。

シンポジウムは3部構成だった。D・ブレア元国家情報長官、北岡伸一JICA（国際協力機構）理事長らのパネル討論「一帯一路★とインド・太平洋戦略」、V・チャ元国家安全保障会議アジア部長、森本敏元防衛相らの同じく「脱・冷戦構造時代の朝鮮半島と日米の課題」。目玉は「アーミテージ・ナイ白熱討論」だ。3次にわたって〝日米同盟〟に関するレポートを発表し、日本の外交を操った元国務副長官とハーバード大学特別功労教授のコンビである。M・グリーンCSIS上級副所長（元大統領特別補佐官）が司会を務めた。

討論は当然、その延長線上で展開されたが、安倍晋三首相への賛辞が繰り返されたのが興味深かった。折しも北京で日中首脳会談が実現し、習近平国家主席との間で両国関係を「競争から協調へ」と移行させる合意がなされた当日。

習氏への接近は、中国との〝貿易戦争〟を仕掛けたトランプ大統領へのヘッジング（保険つなぎ）

★中国の習近平国家主席が推進する経済・外交圏構想。中国による沿線国のインフラ整備が柱で、2019年４月現在、126カ国と29の国際組織が協力文書に署名した。

では、との世評についてR・アーミテージ氏が、「安倍はやるべきことをやっている。北朝鮮が米韓日中の間にクサビを打ち込もうとしているのに対し、日本の役割を果たすものだ」と強調すると、J・ナイ氏は「安倍ほどトランプをマネージできている指導者はいない」。グリーン氏が、「安倍はオーストラリアの世論調査で、〝世界で2番目に信頼できるリーダー〟に選ばれたほど」と受けていた。

国内での独裁や前代未聞の不誠実さなど知ったことではない彼らならではの大賛美だ。安倍氏の権力基盤の正体を思い知らされた気がする。彼は米国の支配層だけを意識して政治をやっている……。

翌日の紙面でシンポの模様を伝えた「日経」は、その種の思惑含みの発言を巧みに排していた。他のメディアは開催の事実も報じない。シンポは今回で15回目。「日経」とCSISにはこの間、電子会議システムを使う「バーチャル・シンクタンク」まで共同運営した時期がある。ジャパン・ハンドラーと一体化した新聞がジャーナリズムと呼べるのか等々、掘り下げられるべきテーマが、山のように転がっているのに、何ひとつ伝えられることがないなんて。どうかしている。

ただし、是非をさて置けば、「日経」・CSISシンポはさまざまな意味で勉強になる。19年の10月には16回目が開かれるよう。社告を見て申し込み、抽選で外れなければ誰でも無料で参加できるから、読者にも勧めたい。

（2018年11月5日）

もう一言

筆者が日本工業新聞に在籍していた1980年代前半、鉄鋼業界とともに兼務していた東京金取引所で発表されたイベントを短い原稿にまとめて送稿したら、デスクに叱られたことがある。イベントの主催は日本経済新聞社。他社の宣伝になるような記事など載せられるかというわけだ。大した話題ではなかったし、それで済ませてよいケースもあるだろうが、ジャパン・ハンドラーたちが一堂に会する機会に、それはないだろう。縄張り争いもほどほどに、なんて冗談めかしている場合ではない。

「ポケモンGO」と最低の紙面

およそ最低の紙面とはこういうのを指すのだろう。2016年7月23日付の朝日新聞朝刊だ。前日の午前から配信が開始された新しいスマホゲームの人気ぶりを1面トップと社会面、および経済面で大々的に取り上げていた。〈ポケモンGO　興奮上陸／入手殺到・関連株↗・充電池特需〉〈ポケモン各地でゲット／「楽しい」「運動不足解消」〉〈「ポケモノミクス」波及期待／お店にアイテム・通信料無料の新プラン〉等々。

大したニュースのない日なら、この馬鹿げた社会現象を大きく扱うのも悪くはない。もちろんスマホゲームに熱中することの危険と将来への懸念に警鐘を乱打するならば、の条件付きでの話だが。

「朝日」の紙面は、そうした理屈のはるか以前の代物だった。論より証拠、同じ日の東京新聞朝刊1面を見るがいい。〈辺野古再提訴　ヘリパッド着工／翁長氏「強硬政府に抗議」〉の大見出しで、政府が前日に、服従しない県知事を相手取って福岡高裁那覇支部に起こした訴訟と、東村高江で反対住民らを実力で排除しながらオスプレイの離発着場建設を強行した事実を、2面と社会面、社説との書き分け・写真付きで詳細に報じていた。

必ずしも満足のいく報道とはいえない。高江に動員された機動隊員が約500人だとは示していても、暴力で排除された側が約200人だったとは書かれていなかった（沖縄の地元紙には載っている）。それでも、これほどの重大事を3面の3段に追いやってまでポケモンGO礼賛の紙面を仕上げた「朝日」の恥ずかしさは際立つ。ちなみに他紙の1面トップは、「読売」が〈経済対策　赤字国債見送り〉、

「毎日」が〈「隠れ待機児童」5万人／公表の3倍／152市町村〉で、「日経」と「産経」は共和党大会でのトランプ氏の演説だった。ポケモン万歳よりはまだしもだとはいうものの。

同じ時期のテレビもまた、当然、ポケモンGO一色だった。だから政府はヘリパッド強行のタイミングを合わせたのだとする説もネット上では喧《やかま》しいが、意図的だろうとなかろうと、この国のマスメディアは、もはや自殺行為がルーティンになってしまっているようだ。

はたしてポケモンGOはその後、全国で交通事故をはじめとするトラブルを次々に引き起こしている。★新聞もテレビも一応は報じるが、事態の深刻さは微塵《みじん》も伝わってこない。どころか、なんだかほのぼのとした、ちょっとした失敗の微笑ましい話題でもあるかのような雰囲気さえ漂ってくると感じるのは、ひとり筆者だけではないはずだ。

このままでは必ず死人が出る。それも大量に。GPSの位置情報をベースにしたゲームである以上、いわゆる移動者マーケティングにもフル活用されて、世界中の人間がいいように操られていくのも必定だ。マスメディアも最低だが、世の中全体の知性の劣化が酷《ひど》すぎる。もはや人間の尊厳を求めること自体が〝ないものねだり〟ということになってしまう時代なのか。

（2016年8月8日）

★警察庁の集計によると、配信スタート後の1カ月間だけで、このための脇見運転で79件の交通事故が発生し、1140件が摘発されていた。死亡事故も後を絶たない。

もう一言

沖縄の米軍ヘリパッド工事に抗議する市民らに、大阪府警の機動隊員が「土人」「シナ人」などと罵声《ばせい》を浴びせて問題になったのは、この件から2カ月後のことだった。500人対200人の倒錯がきちんと報じられていれば発生しない事件だったとも言わないが、何があろうがマスコミは「ポケモンGO」を優先するに違いないという経験則が、隊員らをつけあがらせた可能性はある。筆者は最近、繁華街でポケモンGOの〝ポイント〟に蝟集《いしゅう》するゲーマーたちを間近に見た。気持ち悪かった。

サンゴ移植のウソ――権力追従のＮＨＫ

新年なので、例によって元旦の社説の読み比べのつもりだったのだが、やめた。各紙とも定評のまで、何らの目新しさもなかったのと、何よりも、それどころではない事件が発生したためである。

２０１９年1月6日日曜日のＮＨＫ「日曜討論」に安倍晋三首相が録画出演し、米海兵隊の辺野古新基地建設について問われて、「まず誤解を解かなければいけない。土砂の投入に当たっては、あそこのサンゴは（別の場所に）移している」などと述べた。だが現実には当該区域以外に群生していたサンゴの、しかも絶滅危惧《きぐ》種に限る約２％だけ、沖縄防衛局が県の許可を得て他の海域に移植していたに過ぎなかった。

「日曜討論」の原則は生放送だ。今回もそうであったなら、ただちに対応するのは難しかったかもしれない。実際、この日も首相以外の野党党首らは生出演で、事前の収録・録画が許されたのは安倍氏だけだった。

要するに彼の発言を、ＮＨＫ側が事実確認、検証する時間的・人員的余裕は十分にあった。第一、かりそめにも一国の最高権力者がデタラメを吐いた場合、そんなものを垂れ流した放送局の責任も免れるはずがない。余裕があろうとなかろうと、その程度の作業は、公共の電波を独占する事業者の最低限の義務ではないか。まして視聴者に受信料の支払いを義務付けている、自称公共放送様の、かねて信頼されてきた番組なのだ。

この事実は朝日新聞デジタル（1月10日付配信）をはじめ、他のメディアで暴かれた。ところがＮ

ＨＫの山内昌彦編成局計画管理部長は定例会見で、「報道機関として自主的な編集判断に基づいて放送しております」「番組内での政治家の発言についてＮＨＫとしてお答えする立場にはございません。事実と異なるという他社の報道についてもコメントする立場にはございません」云々《うんぬん》と言ってのけた。

テレビの世界には、〝政治家の嘘も情報のうち。必ず問題になり、信用を失うのは本人なのだから、事実誤認も確信犯的な嘘も、いちいち指摘する必要はない〟とする発想が根強い。一理はある。けれどもそんな理屈は、視聴者の大方が発言内容が嘘か本当かを見極めることができるだけの大前提が、あらかじめ広範に伝えられていて初めて成立する。当たり前の話だ。

しかるに、辺野古沖のサンゴがどれほど移植されたかされなかったのかは、残念ながら、本土ではほとんど報じられてもこなかった。にもかかわらず――。

ＮＨＫの権力へのお追従《ついしょう》が一般の常識となって久しい。にしても、いくら何でもこれはないだろう。「自主的な編集判断」とは、具体的にどういうことなのか。そんなものが本当にあったとすれば、他社に問題を指摘されたら弁明ぐらいはできなければどうかしている。

ＮＨＫがまことに公共放送なのか、ただ単に権力の御用放送以上でも以下でもないのかが問われなければならない。

（２０１９年1月21日）

もう一言

そのまま放置されたままの問題だが、これで済まされてよい話ではない。本稿が書かれた翌々3月には、ＮＨＫが自局の番組を放送と同時にネット配信できるようにする改正放送法案が国会に提出され、5月に可決・成立している。肥大化するＮＨＫがテレビ視聴者のみならず、ネットユーザーに対する受信料の取り立てに確たる法的根拠を得たと見なし、よりいっそう苛烈《かれつ》化させていくことは疑いようもない。従来にも増しての権力追従は、そうするためであった可能性が高い。

言葉の意味が少しずつ変えられてしまう

「粛々《しゅくしゅく》と進めている」と、安倍首相は言った。2015年4月8日の参院予算委員会での、米海兵隊普天間飛行場（沖縄県宜野湾市）の移設工事＝辺野古新基地（同県名護市）の建設についての答弁だ。前日の7日には山口俊一沖縄北方担当相が記者会見で、「粛々とやっていただければ」と述べている。こちらも辺野古に関わって、安倍首相と翁長雄志《おながたけし》沖縄県知事の会談の可能性をめぐる話題だった。

「粛々と」は、かねて菅義偉官房長官が、新基地建設に反対する沖縄県民に向けて繰り返してきた言葉である。が、彼は同5日に訪れた那覇市で、翁長知事に「上から目線だ」と批判され、「不快な思いを与えたなら使うべきでない」と封印宣言。「適切に対応」と言い換えた、その矢先の、山口、安倍両氏の「粛々と」だった。

この間の経緯をたとえば毎日新聞は、「政府内で新たな表現が統一されたわけではない」とする防衛省幹部のコメントとともに伝えたが（15年4月8日付朝刊）、それだけか。翁長知事の曰く、「問答無用という姿勢が感じられる」言い回しを、ほかならぬ沖縄担当相と首相が重ねたことには、より積極的な――沖縄県民を敢《あ》えて挑発し、かつ全国民に「下々の身の程」を思い知らせる――意志が働いていたのではないか。

筆者も「粛々と」は時折使う。前回の本欄（69ページ）も、新担当としての挨拶を、〈粛々と権力のチェック機能たらんとし続ける〉云々《うんぬん》と結んだばかりだが、己は断じて正しいという確信がある場合にのみ選ぶべき表現という認識が前提だ。それだけに「上から目線」のニュアンスも付き纏《まと》うが、相手が強大である以上、自らを鼓舞する必要もあり、やむを得ない。あくまでも筆者流の解釈でしかないけれども。

安倍政権の面々は違う。なにしろ彼ら自身が権力なのだ。東京新聞の特報面（同11日付朝刊）が掲載した件《くだん》の会談での翁長発言の全文を読むと、権力に「粛々と」を言われた側の憤怒《ふんぬ》が伝わってくる。

言葉とは実に奥の深いものだ。思えば近年、平和や正義、夢、成長、元気などといった大切な言葉の意味が、少しずつ変えられてしまいつつある。やはり東京新聞（同6日付夕刊）の対談企画で語られた、詩人・和合亮一氏の指摘には戦慄《せんりつ》した。東日本大震災で傷ついた人々に対してさえも、この国の言論空間は——。「被災地の問題は生活の次元でくくられる。そうすると、必ず『復興』の二文字で片付けられてしまう。人生の次元に立ち返った問題意識をないがしろにしてしまう。一番恐ろしい言葉です」。

劣化の果てに、〝ヤンキー化★〟したとまで揶揄《やゆ》される、この国の現在。世の中を思いのままに動かしている人々が発し、あるいは巷間《こうかん》流布されている言葉の意味を、私たちはよくよく知っておかなければならない。そのための取材や自省への努力が、昨今のマスコミには決定的に欠けている。

（2015年4月20日）

★主唱者は精神科医の斎藤環氏だ。第2次安倍政権が誕生した直後の朝日新聞で、「保守は知性に支えられた思想ですが、ヤンキーは反知性主義」と述べ、広まった。

もう一言

和合氏は1968年生まれ。高校の国語教師を務めながら詩作を続けている。1999年に第一詩集『AFTER』で中原中也賞。東日本大震災では福島市の自宅からツイッターで「詩の礫《つぶて》」を発信して評判になった。東京新聞での対談相手は批評家の若松英輔氏。本稿で紹介した談話は、若松氏の「震災は新しい問題を生んだのではなく、原発の問題をはじめ、むしろわれわれの中に内包していて気がつかなかった問題を露呈したのだと思います」という発言が呼び水になっていた。

問題性を薄める用語使う新聞

慣れというのは恐ろしい。目的のためなら手段を選ばない安倍政権のやり方にいつの間にかマヒさせられ、彼らの思うつぼにはまりかねない自分自身に驚いて、やりきれなくなることが増えてきた。

米海兵隊普天間基地の移設問題をめぐり、政府は2015年10月26日、名護市辺野古地区の新基地建設予定地周辺に近い久辺《くべ》3区（辺野古・豊原・久志）の各区長に、地域振興を謳《うた》う補助金を直接支出する意向を伝えた。3区は「行政区」と呼ばれはするものの、政令指定都市のそれとは異なり、実質的には「集落」である。議会はなく、選挙で選ばれた区長でもない。

そこに県や市町村を通さない国費をつぎ込めば、国家財政と地方財政の関係の原則を定めた地方財政法や、補助金等適正化法などに違反する。だが翌日の朝刊在京紙各紙では後者の疑いを「朝日」が識者コメントに含めただけで、他紙は触れもしなかった。前者を正面から批判したのは夕刊紙「日刊ゲンダイ」だけである。「産経」と「日経」に至っては、見出しに「補助金」でも「振興費」でもない「支援」の用語を用いて問題性を薄めた。

近頃はこんなことばかりである。安倍首相が15年10月18日、米海軍横須賀基地に配備された空母ロナルド・レーガンに乗艦し、艦載機のコクピットに乗り込んで満面の笑みを湛《たた》えた際も、各紙はベタか2段で軽く紹介したのみ。批判めいた指摘は、翌々20日付の「毎日」の社説（奥歯に物の挟まったような、だが）と、「東京」朝刊の柳沢脇二・元内閣官房副長官補のコラムが目立つ程度だった。

米軍とともにある戦時体制が刻一刻と整備されつつある現状の、マスメディアはA級戦犯である。

この間には菅義偉官房長官が独裁政治のことごとくを「何も問題ない」の一言で済ませているが、本気で批判されることがないのだから、もともと支配欲の塊だらけの政権、所詮《しょせん》は欲も得もある人間。天まで高く舞い上がりもするだろう。現代の新聞もテレビも雑誌も、読者や視聴者に権力のデタラメに対する耐性を植え付けていくばかりで、何も気づかせてはくれない。

15年10月29日には沖縄防衛局が辺野古埋め立ての本体工事を開始した。抵抗する住民は機動隊が暴力で排除する。逮捕された人もいた。

翁長雄志《おながたけし》・沖縄県知事による埋め立て承認取り消しの効力が、国交相の決定で停止状態になったことが、着工の根拠とされた。これを不服とした県は地方自治法に基づく第三者機関「国地方係争処理委員会」に申し立てるほか、移設事業を監視する「環境監視等委員会」の一部委員が業者から寄付などを受け取っていた問題の徹底調査を求める文書を防衛局に発送したが、そんなことも満足には報じられていない。

本項は前記の「日刊ゲンダイ」と、『週刊金曜日』(同10月30日号)に載った漫画家・石坂啓氏のコラム「精神的徴兵制」に触発されて書いた。与えられる情報だけで物事を判断していたら、とんでもない目に遭わされる。

(2015年11月9日号)

もう一言

「精神的徴兵制」なる表現は石坂氏独自の造語らしい。が、あらためて考えてみると、実に味わい深い意味を含んでいるように思えた。〝慣れ〟は人間が物事を考える場合の基準を変えてしまうからだ。前項でも同じようなことを論じて、「平和」や「正義」、「夢」等々の言葉を挙げたが、そういえば「消費税」や「防犯カメラ」も相当に汚いネーミング詐欺である。あらゆる流通段階で課せられる前者は「取引税」が、カメラの機能を客観的に表すべき後者は「監視カメラ」が、それぞれ正しい。

与那国島への陸自配備報道の空気感

集団的自衛権の行使を解禁する安全保障関連法制が、2016年3月29日午前零時に施行された。数時間後に配達された朝刊各紙の1面トップが割かれたが、本稿ではその内容を問うまい。むしろ前日の28日に防衛省が沖縄・与那国島に陸上自衛隊の部隊を配備し、隊旗授与式を行った事実に関する報道に言及しておこう。

地元の琉球新報や沖縄タイムスは当然、あらかじめ29日付朝刊1面で詳報していた。それらによれば、発足したのは周辺の海域や空域をレーダーで監視する部隊。隊員は約160人で、家族を合わせると島の人口の15%に達する。防衛省は今後、宮古島や石垣島、奄美大島にも対艦・対空ミサイル部隊などを配備して、南西諸島に合計約2000人の自衛隊員を送り込む計画だ。

安保法制施行のニュースと並ぶと、安倍晋三政権の目指す国家像がリアルに理解できる。尖閣有事と戦場の地獄を切り離せない沖縄らしい紙面ではあるに違いない。

しかるに在京紙はどうだったか。「朝日」以外は安保法制施行と同じ朝刊紙面で扱った。安倍政権支持を鮮明にしている「読売」と「産経」は法の施行を伝える1面トップに添えて、それぞれ写真（5行のキャプション付）か地図入り2段見出しの短い記事を掲載。「毎日」は社会面にベタ1段で事実関係だけ、6面3段の「東京」は駐屯地前で反対を訴えた女性にも触れながら淡々と、といった具合だ。なお配備当日の28日付夕刊でも、「読売」は3面にベタ、「毎日」は3段で取り上げていた。

「朝日」にはやや長文のルポが載った。陸自の誘致をめぐって住民が二分された経緯に遡《さかのぼ》り、いざ配備でバブル景気に沸く居酒屋や民宿の声を取り上げつつ、「要塞の島になっては困る」とする町議会議長の談話で締め括《くく》った構成は巧みだ。相も変わらぬ中立ぶりっ子には鼻白《はなじろ》まされたものの、まあ言いたいことはわかる。ただし掲載されたのは翌々30日付の夕刊だった。

こうして比較してみると、権力べったりか、それほどでもないかのどちらかだといわれるスタンスの差が感じられないでもなかった。けれども何より痛感させられたのは、安保法制と与那国島への陸自配備とを、肯定的にであれ、批判的にであれ、あまり深く論じたくない、読者にも考えさせたくないという意志が共有されているような〝空気感〟にほかならない。でなければどうして、日本最西端の島への、対中国島嶼《とうしょ》防衛戦略の第一弾が、これほど目立たない扱いに終始することがあろうか。

先に2つの地元紙を、「沖縄らしい」と書いた。だが、それではいけないのだ。沖縄県民の体感をこそ、可能な限り多くの日本国民が共有していく必要があるのである。

そういえば、以前にも同様の問題意識を披露した記憶がある。米海兵隊普天間基地に配備されるのと同型の垂直離着陸輸送機オスプレイMV22が15年5月、ハワイのオアフ島で墜落事故を起こした際だった（本書第4章146ページ）。

（2016年4月11日）

もう一言

『世界』2019年3月号に、基地に反対する住民たちの座談会「軍事化される島々　奄美、宮古、石垣、与那国の現地から」が載った。すでに陸自が駐屯している与那国では、18時だった町営バスの最終が、「それでは自衛隊員が飲みに行けないので」23時まで運行され始めたという。「飛行機が発着する時間に合わせられないかという住民の長年の希望は無視し続けたままなのに」と、「与那国島の明るい未来を願うイソバの会」の高橋千恵さん。こんな形でも〝アメとムチ〟は使い分けられている。

沖縄だと軽んじる全国紙

那覇地裁は2016年12月6日、沖縄県東村高江地区の周辺住民31人が、建設中の米軍ヘリパッド★工事の一時差し止めを求めていた仮処分申し立てを却下した。ところが大きく報じた新聞は、地元の琉球新報と沖縄タイムスだけ。全国紙は「毎日」が大阪本社版でも扱ったものの、「朝日」と「読売」は西部本社版（九州）止まり、「産経」に至っては、全社的に無視を決め込んでいた。

決定は、住民の人権をとことん踏みにじる内容だった。すでに完成し、運用が強行されている一部のヘリパッドに近い住民はオスプレイの騒音で「家具や窓が揺れる」「吐き気で食事するのが嫌になる」などと証言しているにもかかわらず、地裁は「1日単位の騒音でうるささを比較できない」「住民の人格権が侵害され、健康被害をもたらすとまでは言えない」。挙げ句は勝手に、「違法な航空機騒音が生まれるとは考えにくい」ことにしたのだから呆《あき》れる。建設そのものの必要性や公共性への言及も皆無だった。

高江のヘリパッド建設をめぐっては、16年10月、反対運動を弾圧していた機動隊員が住民を「土人」と罵倒《ばとう》した事件が記憶に生々しい。これほどの暴言を鶴保庸介★★・沖縄担当相が「差別とは言えない」と肯定した答弁も問題視されるや、安倍政権が「訂正も謝罪も必要ない」とする答弁書を閣議決定してから、たったの2週間ほどしか経過してもいないのに。

沖縄はもちろん、日本全体の民主主義にとってあまりに重大な事態を、それでも特に首都圏の読者の目から遠ざけて恥じないとは。もはや全国紙のニュースセンスが素人以下に成り下がったのか、消

★ヘリコプターの簡易発着場。ビルの屋上にあるような、小面積のものをいう。高江に配備されるオスプレイはヘリと固定翼機の特性を兼ね備えた垂直離着陸機である。

費税の軽減税率を適用してもらえることの見返りで、政権に都合の悪い事実は隠蔽《いんぺい》すると割り切ったのか、のいずれかだろう。

もっとも、東京に近い厚木基地（神奈川県）の周辺住民が国に損害賠償などを求めた訴訟で、二審ではそれなりに認められていた原告側の要求をすべて却下する判決を16年12月8日に最高裁が出した際には、各紙とも一応は報じている。沖縄だと軽んじるというのは、全国紙もついに安倍政権の、社会的弱者を差別しないではいられない狂気に同化してしまったものか。

権力に寄り添う醜悪なマスメディアばかりの国に暮らしている私たちは、今後、いったいどんな時代に連れていかれることになるのだろう。本項ではせめて、民衆の側に立つ、真っ当な報道をした地元紙（琉球新報16年12月7日付朝刊）の社会面を、少しでも紹介しておきたい。

〈国側だけを向いた判断だ〉。弁護団は裁判所の作為的ともいえる判断だとして厳しく批判した。（中略）この日、裁判所前の集会で「仮処分に賭けている」と訴えた申立人の安次嶺雪音さん（45）は会見で「心が折れてしまった」とうなだれ、騒音の状況について「調べに来てほしいと（国に）求めてきたが、一度も来てくれない」と訴えた〉。

（2016年12月19日）

★★1967年生まれ。東京大学法学部卒で、小沢一郎氏の秘書を経て政界入りした。女性問題など不祥事が絶えない。現在は参院資源エネルギーに関する調査会会長。

もう一言

仮処分が却下されて以来、もともと少なかった高江地区に関わる報道はめっきり減り、やがて工事の一部も完了して、ヘリパッドの運用が始まって、住民を騒音で悩ませ続けてしまっている。無力を曝《さら》け出した在京各紙の報道は、2019年にもなると、データベースを検索した5月9日時点で9件のみ。わずかに東京新聞が4月6日付朝刊の特報面で、反対派市民が高江のゲート前に設置していた監視テントが数日前に米軍に撤去されていた事実を伝えたのが光ったが、それだけだった。

沖縄への政治家の暴言、奇妙な報道

「朝日」「毎日」「東京」の各紙はなかなか手厳しい社説を載せていた。2018年1月25日の衆院本会議で、沖縄の米軍機による部品落下や不時着が相次いでいる問題をめぐる代表質問に、松本文明内閣府副大臣が「それで何人死んだんだ」というヤジを飛ばした件である。

読ませたのは「朝日」だ。〈誤解の余地など寸分もない、政治家としての資質を欠く暴言だ〉として、「沖縄の人々の気持ちに寄り添う」と言う口先とは裏腹に、辺野古新基地建設を強行する安倍政権のやり方を紹介。〈松本氏のふるまいは、沖縄県民の思いより米国を重視する政府の姿勢が、乱暴な形で表面化しただけではないのか〉と、至極もっともな指摘をしてみせた。〈住民を気遣うどころか、犠牲者が出なければ構わないと言わんばかりだ〉と喝破《かっぱ》した「毎日」もいい。私自身はさらに進めて、松本氏の本心は「文句は死んでから言え」だろうと推察してもいるのだが。

ただ、奇妙なことに、在京各紙は当初、この暴言を報じていなかった。第一報は日本共産党機関紙「しんぶん赤旗」(18年1月26日付)によって伝えられ、各紙は後追いに回った。野次《やじ》られたのが志位和夫委員長だったので、「赤旗」の記者が特に熱心だったということはあるかもしれないが、報道で飯を食っている商業紙は、あまりに情けない。逆に、知っていて記事にしなかったのだとすれば言語道断だ。

だから松本氏は高を括《くく》って、「赤旗」に書かれた日の午後には、新年会にも参加していたという。

彼の辞表提出はその後、抜かれた各社が追随し始めたのを察知した官邸の指示だったとされる。

以上の経緯は沖縄の琉球新報の18年1月27日付に詳報された。〈理由は選挙イヤーの沖縄で注目が集まる名護市長選。告示は28日だ。（中略）名護を落とせば県知事選などその後の選挙に影響が出ると判断した。「官邸は松本氏を切った」（政府関係者）。舌禍《ぜっか》の拡大を避けるため、松本氏の責任に収れんさせたトカゲのしっぽ切りだったと指摘する〉。選挙云々《うんぬん》だけなら珍しくもない解説だが、琉球新報のドキュメントは説得力が違った。

案の定と言うべきか、「読売」と「産経」は、一連の事態をほとんどないも同然に扱った。「国が大変な時期に、緊張感を持って対応してもらわないと困る」と松本氏に「苦言を呈した」という安倍首相が、まるで立派な人に読めるような記事作りまで共通していた。

松本氏には2年前、やはり内閣府副大臣として熊本地震の現地対策本部長を務めていた際にも、テレビ会議で政府に、被災者対策ならぬ自分への差し入れを要求して批判を浴びた前科がある。そんな男が再び要職に就き、人でなしぶりを発揮して、それでも政権は揺るがない。名護市長選も結局、自公の推薦する新人・渡具知武豊氏が当選した。狂い切った時代の責任のかなりの部分は、最もふさわしくない人物を最高権力の座から引きずり降ろせないジャーナリズムにある。（2018年2月12日）

もう一言

松本氏は1949年生まれ。「何人死んだんだ」の時点で古希も間近だった老境の不祥事は、これ以前にも。使途不明金問題、運動員の逮捕、政治資金問題、大臣規範違反疑惑、公金還流問題等々の常習犯。それでも彼は、未だに議員辞職には追い込まれていない。オフィシャルサイトには、〝松ちゃん〟の自称とともに、内閣府副大臣時代の〝経験〟を誇りつつ、〈真に豊かな日本を取り戻します〉などと書かれている。どういう政権与党であり、そもそも国なのだろう。

2019年4月2日午後、大阪空港に緊急着陸した米軍普天間基地所属のオスプレイ（共同通信社）。何らかのトラブルだったと見られるが米軍は具体的に述べていない。同型機はしばしば緊急着陸しており、沖縄県では16年12月に墜落までしているが、在沖メディアを除き新聞もテレビもきわめて薄い報道しかしていない

第4章　「安全」をめぐる報道の危険

安保法制や改憲めぐる報道の不思議

集団的自衛権の行使容認を柱とする安全保障法案★が２０１５年５月14日に閣議決定された。〝戦争のできる国〟に向かうメディア状況については、国会審議の過程で幾度となく取り上げることになるだろうから、今回はこの問題の大前提を——。

憲法改正を悲願とする安倍晋三首相の執念はすさまじい。憲法記念日の朝刊各紙（５月３日付）が熱心に報じたのは当然のことである。中でも「産経」の１面トップ「憲法特集」の〈白洲次郎、ＧＨＱ原案に悔しさ「今に見ていろ」ひそかに涙〉には、思わず苦笑を誘われた。

白洲というのは、吉田茂の懐刀と言われたと伝えられる富豪だ。英語が堪能《たんのう》で、現憲法制定の過程で占領軍と折衝に当たったという。

記事の趣旨は実に明快。いわゆる押しつけ憲法に対して、その実現に力を振るった当事者自身が屈辱を痛感し、将来の自主憲法制定を誓っていた、というのである。

事実かどうか、よくわからない。それほど重要な役割を果たしたという割には、戦後も長く無名であり続け、没後約10年を経た１９９０年代後半になり突然、一部のマスコミにこぞって英雄視されるようになった経緯が奇妙に過ぎる。

早い話が、胡散《うさん》くさい人物のエピソードが改憲の正当性を補強する材料になり得るのかなと、首をひねったわけだ。そもそも押しつけ憲法論自体が歴史の単純化も甚だしい。もっとも、自民党が４月に発行したばかりの改憲ＰＲ漫画冊子『ほのぼの一家の憲法改正ってなぁに？』にも冒頭から登場し

★官製の略称は「平和安全法制」という。一方、内容の本質を捉えて「戦争法制」と呼ばれることもある。

てくるそうだから（「東京」15年5月8日付朝刊特報面）、新聞ばかりを責めていても始まらないのだ。

不思議でならないのは、占領時代につくられた憲法を否定する「産経」が、安倍政権の改憲路線が、むしろ積極的に日本の米国へのより一層の隷属化、さらにいえば同化を志向するものでしかない実態を、どうして難じないのか、ということだ。〈安保法制　米提言に沿う／知日派作成、首相答弁にも反映〉（「朝日」15年3月30日付朝刊）のような指摘にも、色をなして反論しないようでは筋が通らない。

では政権寄りを売り物にしていない新聞が常に真っ当な報道を重ねているかといえば、そうでもないから厄介だ。「朝日」も「毎日」も、日本がこのままでは絶えず米国の戦争に駆り出される用意を強いられかねない状況であるにもかかわらず、紙面全体に溢《あふ》れる危機感がひしひし伝わってくる、とは言い難い。隔靴掻痒《かっかそうよう》なのである。

名護市辺野古での新基地建設反対運動で、抗議船を転覆させられた船長が15年5月7日、定員オーバーを承知で乗り込んできた海上保安官ら12人を、艦船転覆と同未遂の疑いで那覇地検に刑事告訴した。一歩間違えば死者が出た可能性があり、実際、男性1人が緊急搬送されて、「あいつは死んだかも」と発言した保安官がいたとの報告まであったとされる事件（沖縄タイムス15年5月2日付）だが、地元以外のメディアはそろって黙殺を決め込んでいる。

（２０１５年5月25日）

もう一言

本稿執筆と前後して、佐藤雄二長官は定例記者会見で、辺野古の海上警備をめぐる地元2紙（琉球新報と沖縄タイムス）の報道が「誇張されている」と述べていた。「現場は冷静かつ丁寧に対応している」とも。が、当時の映像を見る限り、彼らの行為は暴力以外の何物でもない。男性の首を絞めたり、女性に馬乗りになったりする場面まで確認されている。はたして告訴は容《い》れられず、水没した抗議船の廃船を余儀なくされた市民らは国賠訴訟に訴えたが、２０１９年3月、那覇地裁に棄却された。

かなり厳しい話を書く。新年早々いまいましいが、このまま放置すれば大変な結果が目に見えているので容赦されたい。

民放連は改憲CMを垂れ流すのか

日本民間放送連盟（民放連）が、憲法改正の発議があった場合の国民投票★に際して、テレビCMの自主規制を検討しないと表明した。２０１８年12月10日、衆院憲法調査会の幹事懇談会。民放連はかねて同様の主張を重ねていたが、今回に至って野党各党は、〝正式な拒否〟と受け止めているようだ。理屈は「表現の自由」だそうである。報道と同様に、CMの量についても自由が制約されてはならない、とする論理が強調された。朝日新聞（18年12月11日付朝刊）によると、民放連はその上で、憲法九条への自衛隊明記案を例示。反対意見は多様なはずだが「具体的に何秒ずつ放送するのが正しい判断かは難しい」とも述べたという。

実務的に容易でないのは確かだろう。けれども、国家社会の将来を決する改憲のCMに〝表現の自由〟が適用されてよいとは、とてもではないが思えない。報道とは違うのだ。ジャーナリストが己の取材と見識を総動員して記事を書き、番組を制作する行為とは異なる次元で、要はカネで放送の時間枠を買い、視聴者を金主の思うがままに操ろうとするのがCM。そんなものを野放しにした日には、カネのある改憲側が圧倒的に有利なのは明々白々ではないか。

民放連は２００６年11月の国会で、国民投票におけるCMの総量規制や内容などについて、「真摯《しんし》に検討していきたい」と約束した経緯がある。だが懇談会でこの点を問われた民放連は、「量的規制

★憲法改正は衆参両院の3分の2以上の賛成で発議され、国民投票にかけられる（憲法96条）。手続法としての憲法改正国民投票法は第1次安倍政権下の2007年に成立。

の趣旨ではなかった」。〝真摯に検討〟した、それが結論だということらしい。

民放連に何があったのか。改憲を掲げる自民党は現在、党の情報通信戦略調査会に小委員会を設け、放送法改正に向けた検討を進めている。インターネットの高速化・大容量化に対応する目的というが、不利な立場に置かれたくない放送界が、権力側との取引に応じた可能性がないとも言い切れない。

広告の量的規制がなければ、テレビのCM枠は改憲を求める巨大企業などに買い占められるのが必定だ。が、この問題について詰め寄られても、民放連の回答は「現実にそうした事態は起こらない」だった。何を尋ねても「それはまったく当たらない」で済ませる官房長官のようである。

買い占められたテレビは当然、その番組内容もスポンサーの側を向く。キャスターもコメンテーターもタレントたちも、そちらに都合のよい人物ばかりが現状以上に並ぶことになる。誰も彼もが憲法改正へと洗脳されていく。

民放連の姿勢を受けて、野党各党は自主規制の可能性を諦め、国民投票法の改正によるCMの法的規制を図る方針に転換したとされる。法改正が成ったら成ったで、とりあえずは一息つけるのかもしれないが、今度は政府の報道への介入にも道を開きかねない危険を伴う。地獄の日々は続く。


（2019年1月7日）

もう一言

とはいえ政権与党が絶対多数を占める国会の現状では、法規制の実現は難しい。そこで衆院憲法調査会は2019年5月にも民放連の永原伸専務理事を参考人招致して意見を聞いたが、彼らは法規制はもちろん、自主規制にも反対の態度を変えていなかった。CMは、しかもいつでもCMの体裁で現れるとは限らない。改元もあり、やたら「新時代（の憲法）」を強調する番組や、女性アイドルグループに「（改憲に）Ｙｅｓ！」と歌わせるサブリミナル作戦も登場しよう。

オスプレイ事故「起こらなかったことにする」？

米海兵隊の垂直離着陸輸送機オスプレイMV22が、２０１５年5月17日（日本時間18日早朝）、ハワイのオアフ島で訓練中に墜落して炎上する事故があった。22人の搭乗員のうち１人は死亡、21人が病院に搬送されたとのことである。

沖縄の新聞が大きく取り上げたのは当然だ。やはり海兵隊の普天間基地に、欠陥機の疑いが濃い同型機24機が配備されている。琉球新報も沖縄タイムスも、深刻な危険や県民の不安を詳報した。

在京紙はどうだったか。事故は一連の戦争法案が閣議決定された翌々日に発生している。型こそ違え、17年度にはオスプレイCV22を3機、横田基地（東京都福生市など）に配備するとの米空軍の方針が打ち出されて間もない時期だった。全国的な大ニュースであったはずなのだが――。

当日の18日付夕刊で大きく扱ったのは「朝日」と「東京」（いずれも1面トップ）、「毎日」（1面準トップ）だけ。「読売」と「日経」は3面にそれぞれ2段と3段で、夕刊のない「産経」は翌日の朝刊2面に2段のみの、読者にまるで伝える気のない、〝何も起こらなかったことにする〟情報操作だとしか思えなかった。

いくら何でも酷《ひど》すぎる。保守系メディアだから云々という次元の問題ではない。それでもオスプレイの国内配備強化だという社論なら社論で、これだけの大事故を目の当たりにしても住民は黙ってろと言い切るだけの根拠を示すのが筋であり、人の道ではないのか。

もちろん、見出しが大きく、記事の内容が充実していれば十分だとも限らない。「朝日」は20日付の朝刊国際面に目撃者の証言を掲載。〈ＭＶ22は着陸と離陸を繰り返し、離陸のたびに砂煙が高く舞い上がった。だが突然、離陸した複数機のうち1機が地上２００メートル付近から急降下。そのまま地面に激突して炎上、周囲に轟音《ごうおん》が響き渡った。「落下するまで、爆発音も炎もなかった。異常は何もなかった」と話す〉とした調査報道は見事だったが、にもかかわらず「墜落」を避けて「着陸失敗」で通していたのが見苦しかった。ちなみに海兵隊の公式発表は「ハードランディング（激しい衝撃を伴う着陸）」である。

　安倍政権の意向に盲従するだけの〝報道〟など論外。中途半端な遠慮や配慮の類《たぐい》も、読者には簡単に見透かされているのだと、デスクや管理職の方々は承知しておくべきだろう。

「東京」の15年5月10日付社会面、「熊」氏の「編集日誌」について書き添えておきたい。この日の1面トップ「オスプレイ横田配備」の紙面づくりで、長い議論があったとか。地元の反対に共感するだけでは、「沖縄に押し付けるのか」と受け取られかねないためで、並行して取材を進め、〈本土配備で沖縄での危険性が軽減できるわけではないことがわかりました。どちらの民意も無視される。その実情を伝える1面としました〉というのである。

「読売」「産経」「日経」は、同紙の爪の垢でも煎じて飲むべし。

（２０１５年６月８日）

もう一言

　この後、オスプレイの本土配備は一気に進んだ。米軍横田基地（東京都福生市、武蔵村山市など）では２０１８年に離発着が激増して拠点化が既成事実化され、そのまま5機のＣＶ25が正式配備された。沖縄とは異なる機種だが、米空軍全体での重大（クラスＡ）事故率がこのところ急上昇していたことがわかっている（東京新聞19年3月3日付朝刊）。航空自衛隊の木更津駐屯地（千葉県）や佐賀空港への配備も予定されており、いずれ住民を巻き込む悲惨な事故が相次ぐ可能性が高い。

首相補佐官のレベルとメディア

国家安全保障担当の首相補佐官を務めている礒崎陽輔★参院議員（自民党）が、10代の女性とされるツイッターユーザーと〝激論〟を交わした。きっかけは礒崎氏が2015年6月9日、〈集団的自衛権とは、隣の家で出火して、自主防災組織が消防車を呼び、初期消火に努めている中、「うちにはまだ延焼していないので、後ろから応援します」と言って消火活動に加わらないで、我が家を本当に守れるのかという課題なのです〉と発信したツイート。〈バカをさらけ出して恥ずかしくないんですか〉とのユーザーの反応に、礒崎氏は、〈是非あなたの高邁《こうまい》な理論を教えてください。中身の理由を言わないで結論だけ「バカ」と言うのは、「××」ですよ〉と返して、〝激論〟に発展した。

〈火事と戦争を同等にして例えるのがまずおかしい。わかる？　火事には攻撃してくる敵がいない。戦争は殺し合い〉とユーザー。礒崎氏は、〈個別的自衛権は、我が国が直接武力攻撃を受けないと、行使できません。だから、それまで、他国が我が国を守るために戦ってくれている中で、指をくわえて見ていていいのですか？　という話です。もう少し上品な言葉を使いましょうね〉。

勝敗は明白だった。下品な表現をたしなめる部分を除くと、礒崎氏の主張には説得力ゼロ。挙げ句の果てに彼は、このユーザーにブロックをかけたというのだから、恥の上塗りも極まれり、だ。

以上の経緯は東京新聞の15年6月13日付朝刊特報面で知った。ニュースサイト編集者・中川淳一郎氏の週刊連載コラム「ネットで何が……」。他の新聞やテレビ、また「東京」の政治面や社会面でも、少なくとも本稿執筆の時点では、批判どころか事実関係さえも報じられていない。

★1957年生まれ。政界入りは2007年で、安倍政権では国家安全保障担当の首相秘書官や農林水産副大臣などを歴任している。

おかしくないか。礒崎氏は3年前の12年5月にも、やはりツイッターで、〈時々、憲法改正案に対して、「立憲主義」を理解していないという意味不明の批判を受けます。この言葉は、Wikipediaにも載っていますが、学生時代の憲法講義では聴いたことがありません〉とやらかし、心ある人々を呆《あき》れさせていた。野党時代の自民党が「日本国憲法改正草案」を公表した1カ月後の話である。礒崎氏は自民党憲法改正推進本部の事務局長だった。

立憲主義とは権力の暴走に歯止めをかける、近代憲法の原理原則だ。東大法学部卒で元自治官僚だった彼が本当に知らなかったとしたら異常事態だし、そもそもこんな認識で憲法を変えられてよいはずがないのだが、当時も新聞やテレビは報道を怠った。

だから国民は彼らの程度がわからない。礒崎氏、さらには安倍晋三政権が幼稚で愚劣で独善的であり続ける最大の背景だ。〈やばい、頭悪いし、中学生でも論破できるレベルの政治家〉。件《くだん》のツイッターユーザーによる礒崎評は、現代のマスメディアにもそのまま当てはまってしまうのではないか。

（2015年6月22日）

もう一言

立憲主義の精神を、現行憲法は第99条で明文化している。「天皇又は摂政及び国務大臣、国会議員、裁判官その他の公務員は、この憲法を尊重し擁護する義務を負ふ」。一方、自民党の憲法改正草案は、これと同じ趣旨の条文を第102条の「2」に残しているものの、その前に「全て国民は、この憲法を尊重しなければならない」の一文を加えている。憲法を〝国家権力の制限規範〟から、〝国民の生き方マニュアル〟に変質させようとする発想が、こんな形でも表れていると、筆者は受けとめている。

新国立競技場問題と情報操作

２０２０年東京五輪のメーン会場となる新国立競技場の建設計画が白紙に戻された。安倍晋三首相が15年7月17日、「ゼロベースで見直す決断をした」と表明したのである。結構なことだ。総工費２５２０億円はひど過ぎた。あの北京五輪の競技場でさえ、５分の１の約５００億円で済んでいたのだから。

問題はタイミングだ。一連の戦争法案（安全保障法案）が前日16日に衆院本会議で可決され、参院に送られている。日本中が騒然となった只中でとは、作為を感じない方がおかしい。はたして新聞もテレビも最大級の扱いで首相の〝決断〟を報じた。

中でも政権の思惑通りに動いたらしいのがかの公共放送で、〈ＮＨＫは「英断」のイメージづくりに大いに貢献した〉との指摘がある。朝日新聞出身の沖真治氏が、新聞記者ＯＢの集団による会員制ウェブマガジン「メディアウォッチ１００」（15年7月22日配信）に寄せたコラムによると、ＮＨＫ「ＮＥＷＳ ＷＥＢ」は、すでに戦争法案が衆院特別委で強行採決された15日の段階から、新国立競技場の計画見直しを手厚く伝えた。すべて動画付きで同日午後5時台に15行、16日午前4時台に19行、午後零時台に27行。動画どころか写真もなく、ごく短い記述に抑えられた国会周辺の抗議活動（主催者側発表2万5千人）の扱いとは対照的だったと沖氏は書いている。

テレビでの取り上げ方は必ずしも確認されていない。以上はあくまでウェブ上の比較だ。ただし筆者は、6月20日のＮＨＫ「ニュース７」が戦争法案に関する地方議会の意見書が相次いで提出されている事実を報じた際、この時点での「反対」が181、「賛成」3、「慎重に」53だった内訳を示しながら、「賛成」と「慎重」の議会の映像だけを流し、圧倒的に多い「反対」が省略された画面を見た。テレビ放送による情報操作が、より深刻なレベルに陥っている可能性を否定できない。

〝英断〟云々《うんぬん》はともかく、計画見直しのニュースに注目が集まるほど、戦争法案を批判する報道は相対的に減少していく。安倍政権VS森喜朗元首相のような、マスコミが飛びつきやすい政局ショーのオマケもついた。この国の政治の何もかもが演出に見えてくる。小泉純一郎政権の頃にしばしば論じられた〝劇場政治〟は、今、この戦時体制に向ってまっしぐらの時代に、まさに花開いてしまっているのではないか。

前記7月15日の夜には、読売新聞グループ本社の老川祥一・取締役最高顧問が、安倍首相と東京・赤坂のそば店で洋画家の絹谷幸二氏らと会食していた。戦争法案可決を伝えた翌16日付朝刊各紙の「首相動静」「首相の一日」等の欄にある。安倍政権になってマスコミ首脳と首相の会食が定例化したのは周知の事実だが、彼らの一体化はここまで来た。7月17日に配信された「メディアウォッチ100」では、全7本の記事のうち、3本がこの話題への憤りで占められた。

（2015年8月3日）

もう一言

五輪関連の予算はとめどなく膨張し続けている。大会組織委員会が2017年12月に公表した予算総額は約1兆3500億円だったが、会計検査院は18年10月、この間に約6500億円が追加計上されていた調査結果を明らかにした。招致の時点で伝えられていた8299億円の2倍以上にもなっているわけだが、実際にはこんなものでは済まないだろう。いざ開催までにどれほどの血税が費消されることになるのか、考えただけでも鳥肌が立ってくるが、続報がないので見当もつかない。

首相の年頭会見と新聞の異常

2016年の新年4日目の安倍晋三首相による年頭記者会見は、自衛隊員の礼讃から始まった。南スーダンでのPKO★やソマリア沖の海賊対策に派遣されている彼らに、「身が引き締まる思い」だと、彼は強調した。

強引な解釈改憲に基づく安保法制の強行採決についても、「子や孫の世代に平和な日本を引き渡していく基盤を築くことができました」。夏の参院選に関する記者からの質問に、憲法改正を争点のひとつに掲げたい意向を示しもした。

生活苦に喘《あえ》ぎ、戦争の不安に怯《おび》える人々への目配りはかけらもない。支持層だけに向けられた自画自賛を、翌朝の在京一般紙各紙は社説でどう扱ったか。

〈憲法軽視の政治姿勢の下での憲法改正には、やはり危うさを感じざるを得ません。政治空白を避けるためと高をくくっていると、取り返しのつかないことになりかねない〉と斬り込んだのは東京新聞のみ。もはや御用新聞が売り物の感さえある「読売」が野党の批判、「産経」が中国脅威論でお茶を濁したのは予想通りにせよ、「朝日」や「毎日」には失望するしかなかった。〈異例の早期召集は、そのため（引用者注＝参院選後の改憲発議）の布石でもある。この時期の招集なら、衆参同日選も可能だ。実際に踏み切るかはさておき、同日選の選択肢を手にするだけで野党を分断しやすくなる〉と「朝日」は解説したが、そんなやり方がけしからんとは書かない。「毎日」は総花《そうばな》的なおさらいに終始。〈国会では党首討論などの機会を積極的に活用し、憲法観など骨太の議論を展開してもらいたい〉の

★2011年に独立した東アフリカ・南スーダンでの国連平和維持活動。中国や韓国など13カ国が参加しているが、日本も約５年4カ月間で延べ約3900人を派遣した。

結びには脱力した。どちらもネット右翼への配慮を最優先しているような紙面だった。

もっとも、今さら驚いてみせるのもカマトトぶりっ子ではある。在京各紙の社説は、元日付のそれからして奇怪だった。米国の覇権の補完機能としての大国意識に酔い痴《し》れた「読売」と「産経」は論外。あれもこれもと盛り込んだ「朝日」と「毎日」は、格調高いふうではあるけれど、本当のところ何を訴えたいのか、最後までわからなかった。

ここでも気を吐いていたのは「東京」だけだった。福島の原発事故を忘れるな、忘れたら過ちが繰り返される怖れがあるとした上で、〈もうひとつ重要な、忘れてはならないことがあります。戦争です。戦争をしてはならないということです〉。わざわざ褒めるつもりはない。これが当たり前のジャーナリズムだからだ。東京以外の新聞が異常すぎるのである。

月刊誌『新潮45』の15年11月号に、あるライターの「朝日新聞が安保法制をほめたたえる日」なるエッセイが載っていた。安保法制の成立後は沈黙に転じた「朝日」はおそらく、〈スタンスをこれから徐々に変えていく〉、周辺有事ともなれば、〈最も強く旗を振るのが朝日でないとは言い切れない〉とまで揶揄《やゆ》されていたのだが、けだし慧眼《けいがん》、なのかもしれない。

軽減税率とのバーターだと断じて差し支えなさそうだ。

（２０１６年1月18日）

もう一言

２０１９年の年頭会見は伊勢神宮で行われた。安倍首相はまず5月の皇位継承について述べ、例によって自画自賛を繰り返した上で、「平成のその先の時代」「日本の明日を切り拓く1年」などと、〝新時代〟アピールに躍起だった。〝新しい憲法〟に向けた雰囲気醸成を意識したと見られるが、批判的に論じた社説や解説は見当たらない。「朝日」の1月24日付朝刊「声」欄に兵庫県の農業・大田光一さん64歳から寄せられた投書「伊勢神宮で首相会見、疑問だ」が最も真っ当な論評だった。

米大統領選報道でのミスリード

米国の著名な外交専門誌の邦訳版『フォーリン・アフェアーズ・リポート』２０１６年1月号に、ヒラリー・クリントン前国務長官がイスラム過激派組織ＩＳを論じた記事が載っている。15年11月、版元のＣＦＲ（外交問題評議会）が催したミーティングでの講演録で、民主党の大統領候補としての発言なのだが、その中身が凄まじい。

〈われわれはこの集団の勢いを止め、背骨を折らなければならない。われわれの目的をイスラム国の抑止や封じ込めではなく、彼らを打倒し、破壊することに据える必要がある〉〈空爆は一定の成果を上げているが、われわれはより大きな成果を上げるために、有志連合に参加するメンバーを増やし、空爆をもっと強化しなければならない〉等々（傍点引用者）。

空爆にはドローンによるミサイル攻撃なども含まれる。パキスタンやイエメンでテロとは縁もゆかりもない住民を巻き添えにし続けている戦争犯罪だ。

それにしても、ヒラリーはこうまでタカ派だったのか。日本の新聞やテレビを漠然と眺めているだけでは何もわからなかった。この発言がなされた当時も現在も、彼女の思想は十分に報じられていないためである。

２０１６年秋の大統領選をめぐっては、イスラム教徒の入国禁止を唱える共和党のドナルド・トランプ候補の悪役ぶりばかりが騒がれてきた。対するヒラリーは、夫のビル・クリントン元大統領の女性スキャンダルの記憶もあってか、常に善玉扱い。たとえば15年12月、民主党候補らの公開討論会の模様を伝えた朝日新聞は、ヒラリーが、〈イスラム教をののしるトランプ氏のビデオをＩＳが戦闘員の勧誘に使っているとし、「トランプ氏はＩＳの最高のリクルーターになっている」と非難。（中略）「彼らに孤立感や疎外感を与えるべきではない」と述べ、ＩＳとの戦いにはイスラム社会の協力が不可欠だと主張した〉と書いていた。彼女の一見リベラルな側面にしか焦点を当てない、重大なミスリードだといわざるを得ない。

トランプら米国の保守層が〝内向き〟に傾く一方で、ヒラリーは逆に、ジョージ・Ｗ・ブッシュ大統領時代にも似た〝世界の警察官〟志向を強めている。08年のＣＦＲミーティングで、〈われわれが他の国々に何かを強要することはできないし、われわれの価値を押し付けることもできません〉〈ブッシュは〉短絡的に世界を善と悪の二つに切りわけ、悪とみなす勢力との対話を拒否した〉と批判していたのが嘘のようだ。

15年11月のミーティングでヒラリーは、トルコやアラブ諸国のスンニ派部族をより多くＩＳとの地上戦に投入したい考えも示していた。他国の人間に戦闘を命じる権限があると思い込んだ傲慢《ごうまん》が日本に及ばない保証はない。トランプの方がよいということではもちろんないが、安倍晋三政権との相性を深く検証する分析を読みたい。

（２０１６年２月15日）

もう一言

あの大統領選でヒラリーが、たとえば労働者階級に〝ウォール街の手先〟呼ばわりされたのには、彼女のこうした側面も大きかった。東部エスタブリッシュメントの利害をそのまま代表するかのような政治姿勢と振る舞いで、多くの民主党支持者たちが離れていったという。だが、トランプもまた大統領就任後にはウォール街をはじめ、グローバル・ビジネスのトップたちを閣僚に起用するなどしている。決してアンチ・エスタブリッシュメントなどではない。わかりきってはいたことだが。

カットされたピーコさんの言葉

永六輔さんが2016年7月7日に83歳で亡くなり、NHKが同月下旬に総合放送、BS、ラジオなど持てるチャンネルをフル活用して追悼番組を放送した。永さんが戦後の放送、音楽界に果たした多大な貢献度に照らして、故人への敬意を表すとともに、視聴者に対する啓蒙にもなるので、腐ってもNHKか、と思い込んでいた。

ところが、朝日新聞の16年8月18日付朝刊の文化・芸能面に、恐ろしい記事が載った。在りし日の永さんを関係者に語ってもらうシリーズ「笑いにのせて」の3回目で、服飾評論家のピーコさんが、こんな話をしていたのである。

「NHKの追悼番組に出て、『永さんは戦争が嫌だって思っている。戦争はしちゃいけないと。世の中がそっちのほうに向かっているので、それを言いたいんでしょうね』と言ったら、そこがばっさり抜かれちゃった。放送を見て力が抜けちゃって……」。

さもありなん。14年の就任会見でいきなり、「政府が右と言っているのに我々が左と言うわけにはいかない」と発言した籾井勝人会長の率いる、もはやほとんど自民党放送と堕したNHKなのだもの、と短絡しかけて、いや待てよと思い直した。

昨日今日に始まった話ではない。まだ籾井体制になる前のNHKの討論番組でも、こんなことがあった。小泉純一郎政権の外交顧問だった外交評論家の岡本行夫氏（元外務省北米一課長）に、筆者が「目下の流れでは戦争を放棄しない国にされてしまう」と詰め寄った場面で、岡本氏は、「憲法9条があるから心配ない」と言った。

いささか呆《あき》れて、「その9条を変えようとしているのはあなたや政府じゃないですか」と返したのだったが、放送ではこの部分が当然のようにカットされていた。だからピーコさんの件も籾井会長のせいばかりではない。ただ、それでも少し前まではそれなりに生息し得た真っ当なテレビマンたちが、彼の恐怖政治のためにことごとく排除されてしまっているらしいとは言えそうだ。

沖縄県うるま市の女性（20）が元米海兵隊員で米軍属の男に殺害された事件をめぐり、16年6月19日、那覇市内で県民大会が開かれた。主催者発表で約6万5０００人が参加。大会は被害者を追悼した上で、軍人や軍属が凶悪な事件や事故を繰り返す海兵隊の撤退や県内移設によらない米軍普天間飛行場（宜野湾市）の閉鎖・撤去などを決議したのだが、これを報じたNHKは「県民大会」を「大規模抗議集会」と強引に言い換えていた。

NHKも以前は普通に「県民大会」と呼んでいた。16年5月23日のニュースでも確認されている。同7月4日付の沖縄タイムスに載った元TBS執行役員の金平重紀氏の連載「新・わじわじー通信」で読んだ。この問題は筆者の知る限り、他ではまったく報じられていない。


（２０１６年9月12日）

もう一言

岡本行夫氏と筆者のやり取りがカットされた番組とは、２００９年1月1日の夜7時から約2時間放送されたNHKスペシャル「激論２００９　世界はどこへ　そして日本」だった。他に金子勝（慶應義塾大学教授）、竹中平蔵（慶應義塾大学教授）、八代尚宏（国際基督教大学教授）の各氏らが出演。三宅民夫アナと、タレントのリサ・ステッグマイヤーさんが司会を務めてくれていた。翌２０１０年の「ニュース深読み」を最後に、NHKから筆者への出演依頼は完全に途絶えている。

「敵基地攻撃能力」報道、政府と一体の「読売」

政府が敵基地攻撃能力を有する巡航ミサイル開発の検討を開始したという。読売新聞2017年11月20日付朝刊1面が、〈日本版トマホーク開発へ〉の大見出しで報じた。

主目的は占領された離島の奪還とされる。防衛省は2018年度の概算要求で計上した「島嶼《とうしょ》防衛用新対艦誘導弾」の予算77億円で、公表済みの「新型対艦ミサイル」研究に、対地ミサイルの機能を付加する方向という。22年度の試作品完成を目指すのだそう。

対艦ミサイルは艦船の破壊が目的だ。対地ミサイルは地上の目標に対して使用する。理由は、〈中国軍が海洋進出と装備の近代化を同時並行で進めていることへの危機感から〉だと解説されているから、仮想敵国は中国と断じて差し支えないだろう。

敵基地攻撃能力の保有は、かねて自民党が主張してきた。だが憲法改正を急ぐ政権がそこまでやれば、野党の反発は必定。そこで先の衆院選までは安倍首相も、「現時点では検討の予定はない」と繰り返していたのだが、はたせるかな、選挙が終わった途端《とたん》の掌《てのひら》返しだ。

だが「読売」の記事には、批判的な箇所がまったくない。どこまでも政府の立場で、敵基地攻撃能力のためにはミサイルの他に目標を探す人工衛星や偵察機など装備体系の拡充が伴うから、〈防衛予算全体の底上げに向けた議論も必要になりそうだ〉と結んでいた。

「読売」と権力との一体化は、今さら指摘するまでもない。加計《かけ》学園問題で〈総理のご意向〉があったとする文部科学省の文書を「間違いなく本物」と証言した前川喜平・前文科事務次官の〝出会い系バー通い〃を暴いて（17年5月22日付朝刊）、官邸―公安筋のリークが疑われた醜態も記憶に新しい。

そんなことを考えていたら、たまたま通りかかった古書店で、1976年から85年にかけて出版された読売新聞大阪社会部編『戦争――新聞記者が語りつぐ』全20巻（読売新聞社）の、1～6巻を発見した。3巻までだけ買い集め、読み始めて、ため息をつく。

時は戦後30年を迎える年の正月明け。編集局長の「戦争について考えてみろ」との命を受けた社会部長が、大阪の部員78人のうち9人が戦後生まれであったことにあらためて驚き、「戦争を観念としてしか理解できない人がいっぱい出てきている」とスタートさせた連載が、単行本化されたものだった。つまり、もともと保守系ではあった「読売」はこの当時、それでも二度と戦争を許すまいとの信念を貫く新聞だった。なのに、現在は……。

時代とともに社論は変わり得る。それは仕方がない。戦争と差別に断固として抗《あらが》った読売大阪社会部には、派閥の横行や、金銭面での不透明さもあったといわれる（永井秀和『大阪ジャーナリズムの系譜』フォーラムA、09年）。とはいえ現状は、いくらなんでも酷すぎる。戦時体制を喜ぶ新聞に成り下がるなんて。ジャーナリズムというのは、こんなにも虚しいものなのか。

（2017年12月4日）

もう一言

『戦争』が連載されていた頃の「読売」の大阪社会部長は、黒田清という名物記者だった。当時の大阪におけるジャーナリズムは、〃黒田軍団〃を中心に回っており、全紙が彼らに追いつけ、追い越せと切磋琢磨《せっさたくま》していたという。あの「産経」でさえ、反戦報道に精を出していたのである。そして興味深いことに、その「産経」で近年、大阪社会部出身者が経営や編集部門の中核に据えられる人事が目立つ。真っ当な紙面に戻る結果が招かれるとよいのだが。

共謀罪の呼称と評価、真っ二つに割れた新聞

古新聞には思わぬ発見がある。筆者には最近、読み落としていた沖縄タイムスの朝刊コラム「大弦小弦」（2017年2月10日付）に、感じるものがあった。

それによれば、コラムの主は、かつて経済担当だった頃、外回りをしない銀行員の話を書いた。顧客との関係が薄れ、相手を見極める〈〝目利き力〟が失われては、地域経済の成長はおぼつかない〉と懸念したのだというが、当時の地銀幹部らの不興を買った。時代遅れの発想だ、と。

ところが近年、金融界では反省機運が高まりつつある。事態は懸念以上に進んでしまい、今や融資担当者までが現場に赴かず、グーグルアースの空撮写真で済ませたがるのだとか。〈〝劣化〟といわれる状況は、金融機関のせいだけではない。銀行の健全性を何よりも重視するあまり、銀行独自の思考、行動を縛ってきた面も大きい〉と金融庁についても言及して、コラムは結ばれるのだが――。

思わず「共謀罪」★を連想した。犯罪が実行されなくても、準備等の相談をしたと警察が見なせば処罰できるという罪状で、政府はその新設を謳《うた》う法案の今国会での成立に躍起になっている。

シナリオ通りに運べば、この国の権力機構はますます増長しよう。たとえば2016年の国会で成立済みの、司法取引の導入や通信傍受法（盗聴法）の要件緩和・対象拡大などと絡めれば、警察が個人の思想信条を取り締まり、気に食わない者の投獄もやりたい放題だ。所詮《しょせん》はお上の胸先三寸。そもそも実際に起こっていない〝犯罪〟には、現場そのものが存在しないのだから、地道な捜査の必要もない。捜査の鉄則「現場百遍」など、たちまち死語となる。

★複数の人間が犯罪を計画したことを処罰する罪。本文が書かれて間もない2017年6月に成立した改正組織的犯罪処罰法に「テロ等準備罪」の名称で盛り込まれた。

共謀罪だけではない。〝マイナンバー〟こと国民総背番号制度や街中に張り巡らされた監視カメラ網、これらといずれ連動する顔認証技術。さらに警察は、GPS捜査や会話傍受（被疑者の自宅や事務所に無断で侵入し盗聴器や監視カメラを取り付ける）の合法化、DNA型データベースの構築等のチャンスさえも窺《うかが》っている。

となると、彼らに日常的に監視され続ける国民は、現場に出かけない警察官に絶えず容疑者扱いされるのに等しい。誰が社会の、というより人それぞれの人生の主人公なのかという、恐ろしく哲学的なテーマではないか。

共謀罪の法案が国会に提出された翌日の在京各紙（17年3月21日付朝刊）は、呼称と評価をめぐって真っ二つに割れた。「朝日」「毎日」「東京」「日経」は「共謀罪」で、「読売」「産経」が官製「テロ等準備罪」をそのまま採用。4月6日の審議入りを狙う安倍首相の強硬姿勢と野党各党の反発を報じた3月31日付各紙朝刊は、「敵基地攻撃能力」保有に向けた検討を求める自民党の提言についても伝えている。真っ当な人間性を維持している新聞なら、両者が同じ文脈にあることを明記・解説してほしかった。

（2017年4月10日）

もう一言

メディアが政策や法律をどう表現するかは重大だ。20年前の1999年、「盗聴法」の国会審議が始まった頃、法務省の刑事局長が全国紙各社を回り、「通信傍受法」と呼ぶよう求めたことがある。各社とも服従した結果が現状だ。同様に、たとえば「消費税」はあらゆる流通段階で課される税だし、「防犯カメラ」は目的の一部だけを抽出した表現でしかないので、いずれも〝ネーミング詐欺〟だと筆者は思う。客観的な仕組みや機能だけを表す「取引税」「監視カメラ」の呼称がふさわしい。

国会で「テロ準備行為」? メディアはウヤムヤ

時々、「リテラ」というニュースサイトを覗いてみる。公開情報の加工が大半で、独自ネタには乏しいのだが、切り口が鋭く、掘り下げ方が深いので刺激的だ。そのはず、元『噂の真相』編集部員らがスタッフだった。しかも無料。

2017年4月29日の配信分には、あの上西小百合・衆院議員(無所属)の活躍が載っていた。前日の法務委員会でのやり取りだ。21日の委員会で共謀罪の質問に立った階猛氏(民進)が同僚議員と相談した際、土屋正忠氏(自民)が、「今のはテロ準備行為じゃないか」と叫んだ。当然、民進、共産両党は謝罪と撤回を求めたが、土屋氏は「覚えていない」とシラを切る。しかも自民党は、階氏が彼の肩に触れたことを「暴力だ!」と逆ギレ……。はたしてウヤムヤになっていた。

上西氏は、まずこの一件を蒸し返した。で、「みなさん、本当にあの程度のことで暴力と思っているんでしょうか。私は以前、自民党議員からセクハラ野次を受けましたけど、ぎゃーぎゃー騒ぎませんでしたよ」。重要なのはこの先だ。

「土屋発言、法案が可決されれば一般社会でもあのようなことがあり得るから、私は反対の立場なんです。テロなんて関係ないのに、テロ準備行為というふうに断言されてしまう。階議員が激高したら、〝肩を押した〟。一連の流れはパックなんですね」

全面的に同感だ。権力が気に食わない人間を片っ端から引っくくる凶器が共謀罪。そんなものは上西氏の指摘だけで吹っ飛び、こうまで卑劣な法案を出した政府も与党もみんな永久追放になるのが、まともな社会ではあるまいか。新聞各紙は上西氏を黙殺した。21日の騒動は一部に報じられなくもなかったが、メディア総体としてはウヤムヤにする側に回った。

前後して、テレビのワイドショーで、友利新というタレント女医が、ブログで謝罪した話を流していた。満開に咲いていた公園のツツジの花を長男がくわえている写真を公開したら、「窃盗罪だ！器物損壊罪だ！」と炎上したという。

なんて狭量で窮屈な世の中なのだろう。番組は彼女に同情的だったが、実はそれだけでは済まない。共謀罪が成立してしまえば、他人のやることなすことが許せない、この手の岡っ引きがわんさと現れて、何もかも警察に密告される。生きる価値などない世の中になる。だが、そんな警鐘を鳴らしてくれるメディアは見当たらない。

4月下旬のテレビは、ほぼ北朝鮮の話題で占められた。今にも核ミサイルが飛んでくるかのようなバカ騒ぎが延々と続く。それでいて後は例によって食べ物とタレントの与太話。権力の走狗《そうく》による大宣伝の甲斐あって、同時期における安倍内閣の支持率はＪＮＮ調査で63・3％、共同通信調査で58・7％（いずれも前回より6・3ポイント増）。ＧＷに入って当の首相らは公費で外国に遊びに出かけた。もちろん、森友学園疑獄はどこかへ消えてしまっている。

（２０１７年5月15日）

もう一言

共謀罪の趣旨が盛り込まれた「改正組織的犯罪処罰法」は２０１７年6月に可決・成立し、翌7月から施行されている。この間には廃止を求める意見書を決議する自治体議会や、同様の声明や談話を発表する弁護士会が相次いだ。「まだ適用例はない」というのが警察庁の公式コメントだが、野党候補を支援する勝手連の代表に名誉棄損の容疑がかけられ、市民団体の事務所まで家宅捜索を受けて、パソコンやスマホを押収された事例もある。〝共謀罪型捜査〟が横行しているのも現実だ。

対ミサイル訓練に関する報道の劣悪さ

共謀罪の卑劣な成立をめぐる報道の圧倒的多数は見るに堪えなかった。委員会での審議・採決を省略して見た目の印象を弱めると同時に、早々に国会を閉じて支持率の低下が目立つ安倍政権への追及から逃げ出した意図が見え見えなのに、まともに報じた在京紙は「朝日」「毎日」「東京」だけである。もはや政権のイヌ以外の何物でもない「読売」と「産経」は、今回もつくづく嫌らしい。普通の現場報告の体裁だったが、見出しで己らの優位を勝ち誇った。〈与党、水面下の奇襲／野党恨み節　時間稼ぎに躍起〉(「産経」２０１７年6月15日付朝刊)、〈「奇策」採決に野党反発／「適切な選択」与党は評価〉(「読売」同15日付夕刊)などといった具合だ。

テレビはお話にもならなかった。ＮＨＫは「与野党の攻防」とするだけで共謀罪の中身を伝えない。民放の情報番組ときたら、15日朝の成立直後こそ触りもしたものの、昼以降は軒並み、何も起こらなかったことにした。事実上の「人権廃止法」を例によってバラエティ化し、お茶の間を権力に都合よく誘導するのはさすがに気が引けたのであれば、必ずしも悪いことではなかったのかもしれないが。

もっとも、ここまでは事前の予想通りでもある。本稿でどうしても書いておかなければならないのは、各地における北朝鮮のミサイルに対する避難訓練に関する報道の劣悪さだ。たとえば17年6月4日の山口県阿武町、9日の山形県酒田市の、児童や高齢者を巻き込んだ大規模訓練。大元である内閣官房の国民保護ポータルサイトにある「弾道ミサイル落下時の行動について」の記述を紹介しておこう。

内閣官房は言う。ミサイルが日本に落下しそうになったらJアラート（全国瞬時警報システム）で知らせるから、直ちに以下の行動をとってください。屋外の場合は、○近くのできるだけ頑丈な建物や地下街などに避難する。○近くに適当な建物がない場合は、物陰に身を隠すか地面に伏せ頭部を守る。屋内の場合は、○できるだけ窓から離れ、できれば窓のない部屋へ移動する――。

絶句。こんなことで核攻撃から逃れられるなら世話はない。ただ単に住民、とりわけ子どもたちの不安を煽《あお》り、排外主義や戦意を高揚させるだけではないか。

１９３３（昭和８）年８月、信濃毎日新聞の主筆だった桐生悠々は、関東各地で繰り返される防空演習は無意味だとして、堂々、〈関東防空大演習を嗤《わら》う〉と題する社説を掲げて軍部ににらまれ、退社を強いられた。新たな戦争状態に突入しつつある現在、対ミサイル訓練を、問題意識を持って批判する新聞は皆無に近い。

ほとんど唯一の例外が「毎日」の17年5月25日付〈ミサイル「危機」狂騒曲　踊らされているのは誰？〉だったが、読者の少ない夕刊だけの掲載。「読売」に至っては、〈一人ひとりの危機意識を高め、より実効性のある訓練を全国で重ねる必要がある〉とさえ書いていた（西部本社版6月5日付朝刊）。

（２０１７年6月26日）

もう一言

２０１８年1月には東京・文京区でも対ミサイル訓練が実施されたので、見物に行ってみた。数カ所に分かれた会場のうち、筆者は東京メトロ後楽園駅前の文京シビックセンターへ。予想通りに馬鹿馬鹿しく、動員された地元の住民や会社員たちが一様に白けた表情で、黙々と警察の指示に従うばかり。都民でもある筆者はこの前日、反対グループと東京都との交渉の場にも同席し、差別や憎悪を増幅する結果を招く危険について質《ただ》していたのだが、返ってきたのは「考えていない」の一言だった。

北朝鮮報道、冷静な態度が肝要

北朝鮮の現地当局に、1人の日本人男性が拘束された。フジテレビの「プライムニュース」が2018年8月11日零時過ぎに第一報を伝え、同日の朝日新聞朝刊がこれに続いて、たちまち全国ニュースとなった。それらによれば、男性は滋賀県出身の39歳で、映像ジャーナリストを名乗っているようだ。平壌南西部で黄海に面する工業都市・南浦市を訪れていたという。軍港もある地域だけに、スパイ容疑がかけられたとすると、拘束は長期化するかもしれない。

金正恩・朝鮮労働党委員長との首脳会談を求める安倍晋三政権に対して、北朝鮮側が交渉のカードに使ってくるのではとする見方が専らだ。韓国の拉致《らち》被害者家族会の代表に取材し、目下の日朝関係にあって、男性は「いわば『人質』のようなもの」であり、北朝鮮は彼に記者会見をさせ、「日本の情報機関の指示でスパイ活動を働いた」などと「罪の告白」をさせることも考えられる、との発言を引き出したのは時事通信（同11日午後2時43分配信）である。

必ずしも根拠のない想像とは言えない。15年末から16年初めに北朝鮮を旅行していた米国人学生オットー・ワームビア氏（当時21歳）が、政治宣伝ポスターを盗もうとしたとして拘束された際、平壌での記者会見で、米国の教会などからの依頼による犯罪行為だったと謝罪した経緯があるのだ（NHKニュース16年2月29日放送）。

前後して韓国系の大学教授や牧師ら3人も北朝鮮当局に拘束されていたが、彼らは先の米朝首脳会談の1カ月前に突然解放されている。なるほど交渉のカードに使われた可能性は高いのだろう。

日本人にも前例があった。1999年12月には元日本経済新聞記者がスパイ容疑で拘束され、2年余も抑留されている。彼は帰国後に内閣情報調査室と公安調査庁の氏名不詳の職員を、国家公務員法違反容疑で東京地検に告発（東京新聞2003年7月10日付朝刊など）。それ以前の訪朝での見聞を彼らに伝えた事実が北朝鮮側に漏れていたためというから、先方にとっては確かにスパイ行為ではあったことになるのか。

前出のワームビア氏は、北朝鮮の最高裁で国家転覆陰謀罪による労働教化刑15年の判決を受けた。それでも17年6月には米朝両国の協議によって帰国を果たしたが、この時には昏睡状態に陥っており、間もなく死亡している。

だが真相は何もわからない。北朝鮮とは国交がない日本や米国のマスメディアには現地での深い取材網が存在しない。この種の事件では主たる情報源を自国の政府当局に求めざるを得ず、したがって報道にも相当のバイアスがかかりがちな傾向が否めないのだ。

孤立を続ける北朝鮮には、資本主義国からは理解しがたい独自の論理と安全保障観がある。あらゆる関連情報が政治的な意図を孕《はら》んでいる。何物にも踊らされない、冷静な態度が肝要だ。

（2018年8月27日）

もう一言

拘束されたのは映像クリエイターを自称する杉本倫孝氏（当時39）。スパイ容疑には問われず、ほどなくして解放されている。ところでこの事件が日本で報じられた頃、筆者も偶然、北朝鮮を旅していた。杉本氏の姓名も伝えられていない段階で、もしやと心配した娘が外務省に問い合わせたところ、「あなたのお父さんではありませんよ」と優しく対応してくれたという。北朝鮮絡みでは差別の眼差しばかりが目立つ世の中で、なんとなく嬉しくなる話だった。杉本氏の早期解放と合わせて喜びたい。

日本孤立？　安倍政権を問い直す報道を

加盟国は〈第二次大戦の結果を歪曲しようとする試みを断固拒否する義務を負う〉。２０１５年７月９日、ロシア中部のウファで開かれた「ＢＲＩＣＳ」首脳会議で採択された共同宣言（ウファ宣言）の一節だ。ＢＲＩＣＳとは中国、ロシア、インド、ブラジル、南アフリカ共和国の新興５カ国。宣言で〈世界経済の成長の重要なエンジン〉と明記された通りの国々である。

ウファでは翌10日にも、中露と中央アジア５カ国による「上海協力機構」の首脳会議があり、同趣旨の声明を発表。〈日本軍国主義に抵抗し、大きな犠牲を払った中国人民の勇気と成果を高く評価する〉とも強調した上で、９月に北京で開かれる中国の抗日戦争勝利記念行事に全加盟国首脳が出席すると表明した。インドとパキスタンの新規加盟に向けた手続きを開始することも合意された。

背筋が寒くなった。総じてマスコミ報道は事態の重みの割に扱いが小さく、内容もおざなりに思えてならない。概《おおむ》ね中国の〈欧米に対抗する枠組み強化〉（「朝日」15年7月11日付朝刊）とする見方でほぼ一致していたが、その程度の分析だけで済む話なのだろうか。

中国の主導で創設された「アジアインフラ投資銀行」（ＡＩＩＢ）には、欧州の主要国もこぞって参加した。米国に従って見送った日本とは異なり、彼らは必ずしも〝欧米〟の一言では括《くく》りきれないポジションを築こうとしている。

ということは、中露が仕掛け、有力な新興国群や今後のインフラ投資競争の主戦場になり得る中央アジア諸国が共感したのは、新しい国際秩序の希求のみにとどまらない。日米〝同盟〟への敵視だ、というシナリオになりかねない危険を孕《はら》んでしまう。

米国にとって中国は最も重要な巨大市場だから、両者の正面衝突は考えにくい。中国は安倍晋三首相に件《くだん》の抗日戦争勝利記念行事への招待状を送った事実も公にした（「日経」同11日付朝刊など）。国際社会向けのアピールであると同時に、彼が予定している戦後70年記念談話に対する明らかな牽制《けんせい》だ。日本の孤立を狙う包囲網こそが狭まりつつある。とすればこのまま、米日軍事同盟の深化・強化と大日本帝国時代の侵略や植民地支配の正当化を並行して進める安倍政権のあり方があらためて問い直されなければならない。そのための報道を読みたいのだが――。

「読売」の新連載「ニッポンの貢献　戦後70年」の初回（15年7月10日付朝刊）は、〈「賠償」から「国益」へ〉の転換を急ぎ、再び経済的侵略の要素を強めつつあるＯＤＡ（政府開発援助）戦略のほとんど広報だった。米軍と豪州軍の大規模な合同演習に自衛隊が参加した事実と、国会で審議中の安保法制との関係、日米豪が共有している中国への懸念等々を大きく伝えた「朝日」（同12日付朝刊）の１、２面は読み応えがあったが、ＢＲＩＣＳや上海協力会議への言及も欲しかったと、痛切に思う。


（２０１５年7月20日）

もう一言

設立時に57だったＡＩＩＢの加盟国・地域は、２０１９年1月までに93に達している。その勢力はヨーロッパや南米、アフリカにも広がった。14年に習近平総書記が提唱した巨大経済圏構想「一帯一路」の実現にも大きな力を発揮するのではないか。一方、１９６０年代に日米の主導で設立されたアジア開発銀行（ＡＤＢ）の加盟国・地域は67にとどまっている。アジアのインフラ開発をめぐる日中の暗闘はますます激しさを増してきた。上質な報道が望まれる。

杉田水脈議員の「『LGBT』支援の度が過ぎる」を載せた『新潮45』2018年8月号と、それへの批判に反論する特集「そんなにおかしいか『杉田水脈』論文」を載せた同10月号。この号限りで休刊という騒動に発展したことへの著者の複雑な心境については185ページの補論を参照。

第5章　ヘイトとの向き合い方

悪意に満ちたヘイトショー

差別と悪意に満ちたヘイトショーが、しかも地上波で流された。東京のローカル局・TOKYO MXテレビ「ニュース女子」。2017年1月2日の放送で、沖縄・高江のヘリパッド建設工事反対運動を、デタラメな〝情報〟を基に嘲《あざけ》り笑っていた。

番組は『日本が戦ってくれて感謝しています――アジアが賞賛する日本とあの戦争』（産経新聞出版）の著書がある井上和彦氏の〝現地レポート〟を中心に進行した。反対派をテロリスト呼ばわりし、負傷した機動隊員を搬送する救急車が彼らに妨害されたと強調する。運動の参加者はみんな金で雇われていると言い、背後に外国政府の存在があるかのように匂わせた。「韓国人はいるわ、中国人はいるわ。なんでこんな奴らが反対運動をやってるんだと、地元の人は怒り心頭」と叫んだのも井上氏だ。すべて嘘である。この問題を報じた東京新聞（17年1月7日付朝刊特報部）や沖縄タイムス（同1月11日付）の整理によると、救急車云々《うんぬん》はまったくの事実無根だった。レイシズムに抵抗する団体「のりこえねっと」が派遣した「市民特派員」に交通費5万円が支払われているのは事実だが、これは現場を実際に見て、ネット等で発信してもらう目的があらかじめ公にされた活動で、派遣はカンパの集まり具合で決まるため、累計わずか16人。「反対派の暴力で近寄れない」と、ロケ断念が決められた場所も、高江から25キロ離れた二見杉田トンネルの手前だった――。

番組は反対運動側の取材を一切していなかった。番組の司会は東京新聞と中日新聞の論説副主幹・長谷川幸洋氏で、スタジオに集った井上氏や元経産官僚の岸博幸氏、中部大学特任教授の武田邦彦氏、経済ジャーナリストの須田慎一郎氏らの全員が、政府と米軍に寄り添う立場だった。もっといえば、制作した「DHCシアター」はもともとネット右翼もかくやと思わせる番組作りで知られた存在で、この「ニュース女子」も、コメンテーターらと際どい衣装に身を包んだ女性タレントらが醸し出す、〝熟女キャバクラ〟風の演出をウリにした、セクハラそのもののような番組なのである。

こんなものが地上波で放送されてしまう時代に、私たちは生きている。異様、愚劣、醜悪、卑怯、劣化、絶望……。悲しい言葉が次々に浮かんでくる。報道の自由、表現の自由の理想が、いつの間にかねじ曲げられ、権力のプロパガンダを正当化する意味を強めつつあるということなのか。

基地反対運動を批判してはならないということでは、もちろんない。それにしても嘘だらけの〝ニュース〟とは、あまりに悪質だ。いずれBPO（放送倫理・番組向上機構）の放送人権委員会か放送倫理検証委員会で審議されるのだろうが、この手の番組が今後も罷《まか》り通るような事態になれば、日本の民主主義は息の根を止められる。断じて許されてはならない。

（2017年1月30日）

もう一言

BPOの放送倫理検証委員会は2017年12月、この番組について、「重大な放送倫理違反があった」とする意見書を公表。また放送人権委員会も翌18年3月、名指しで攻撃された「のりこえねっと」共同代表の辛淑玉《シンスゴ》さんの名誉を毀損《きそん》する人権侵害が成立すると認め、TOKYO MXに再発防止を求める勧告を行った。これらを受けて、MXは制作会社であるDHCテレビ（旧DHCシアター）に番組への関与を申し入れたが、DHC側は拒否。同局での放送は終了している。

ヘイト番組への中日／東京新聞の責任

沖縄の基地反対運動に対する悪意むき出し番組の話題を続けたい。東京新聞２０１７年2月2日付朝刊の第1面に、「『ニュース女子』問題　深く反省」の見出しで、深田実・論説主幹名の謝罪文が載った。長谷川幸洋・論説副主幹が司会を務めた東京MXテレビの番組内容は社の報道姿勢や主張と異なること、事実に基づかない論評が含まれていたことには到底同意できないなどとして、〈他メディアで起きたことではあっても責任と反省を深く感じています。とりわけ副主幹が出演していたことについては重く受け止め、対処します。〉

大量に寄せられていた読者からの批判に応えた形だ。先行して同1月27日付朝刊の特報面が、作家・佐藤優氏の〈本紙は社論を明らかにすべきだ〉とするコラムを掲載したこととも併せ、潔い態度に読者や識者の評価が高い。

だが、これだけで済むとは思えない。いや、済まされてはいけないのではないか。なぜなら東京新聞は東海地方を拠点とする中日新聞社が首都圏向けに発行している新聞だが、その中日新聞社は東京MXの大株主なのである。東京MXは１９９３年に、当時の鈴木俊一・東京都知事らの「東京にもローカルテレビがあるべきだ」という構想から生まれた放送局だ。このため東京都の出資に多くを負っていたが、近年は最大株主のエフエム東京（２０１６年3月期における出資比率20・7％）と、第2位の中日新聞社（同6・27％）が影響力を高めていた。

したがって長谷川氏は、単なる個人的なアルバイトで「ニュース女子」のレギュラーを務めていたわけではない可能性がある。基本的には朝日新聞の編集委員がテレビ朝日の報道番組に出演したりするのと同じ関係だ。

だとしたら社業の一環でもあったことになる。さらにうがった見方では、日頃は今どき真っ当な政権批判で定評があり、政府や大スポンサーの不興を買いがちな新聞社だけに、系列局の番組では逆に権力に盲従しない人々を叩いて政権を喜ばせる役割を、もともとテレビの人気者だったタレント記者に与えていた、のかもしれない。

中日／東京新聞の側にそこまでの意図があったとは、さすがに考えたくもない。とはいえ前項でも触れたように、「ニュース女子」を制作しているDHCシアターのネット右翼ぶりは有名なのだから、沖縄を取り上げようと取り上げまいと、新聞社は、こんな番組にだけは、仮にも論説副主幹の肩書を持つ人物を出演させてはならなかったのである。

この問題はまだまだ広がっていくだろう。業界筋によると、DHC側は〝表現の自由〟を盾にとって争う構えであるらしい。差別主義者のデマが〝自由〟であるわけはないのだが、post-truth★の時代には何が起こるかわからない。トランプの米国だけでなく、安倍政権の日本でも、すでに実証済みではないか。油断は禁物である。

（2017年2月13日）

★“真実以後”の意。フェイクニュースだらけの世相を表す用語で、英国のオックスフォード英語辞典が「2016 Word Of The Year」に選んで世界中に広がった。

もう一言

長谷川氏もかつては権力批判を躊躇《ためら》わない、優れたジャーナリストとして高く評価されていた。論説副主幹の座もその実力ゆえに勝ち取ったのだろうし、社外でも2009年には『日本国の正体 政治家・官僚・メディア――本当の権力者は誰か』（講談社）で、第18回山本七平賞を受賞している。が、この国の多くの言論人たちと同じように、いつしか変節し、このような結果になってしまった。2018年3月に定年退職し、現在はフリージャーナリストとして活動している。

入管法「改正」と差別助長番組

外国人労働者の受け入れ拡大に向けた出入国管理法（入管法）改正案の審議が、2018年11月下旬、本格化した。政権与党は今国会での成立および19年4月施行を強行する構えだが、日本社会の根幹に関わる重大問題だけに、野党が猛反発している。

18年10月6日にフジテレビ系で放送された「タイキョの瞬間！　密着24時～出て行ってもらいます！」を思い出す。不法滞在・就労中のベトナム人や中国人らを東京入国管理局（入管）の職員が追い詰め、強制退去させていく過程の〝ドキュメント〟（ナレーションより）だったが、入管を絶対善と捉えた内容は「人種や国籍等を理由とする差別、偏見を助長しかねない」と、弁護士グループがフジに意見書を出していた。

確かに酷かった。退去させられる側やそこに至った事情、背景に関わる取材は一切なく、「法を無視する奴ら」と一方的に断罪し、面白おかしいBGMで〝盛り上げる〟。捕り物中の入管職員らによる言動も差別丸出しで、実に不快だった。相手が白人だと対応が違うはず、と思わせるところがいかにも日本の官憲らしい。

「タイキョの瞬間！」だけではない。同じ頃、たとえばテレビ朝日系「全国犯罪捜査網2018秋スーパーGメン」（同9月20日）やテレビ東京系「密着ガサ入れ！」（同10月10日）などが、やはり在留アジア人を攻撃し、入管をヒーローに仕立て上げていた。当局の全面協力に寄り掛かった〝警察24時〟モノは珍しくもなくなったが、入管法改正案の国会審議を控えた時期に、ことさら入管を讃える番組が垂れ流された理由は――。

政府の意向が反映された可能性を否定できない。政府がどこまでも財界の都合に応じた労働力の〝輸入〟拡大を急ぐのみで、技能実習制度や収容施設の不備や、社会全体の物心両面における受け入れ態勢には配慮するつもりがないことは誰でも知っている。賃金相場の値崩れも狙いのひとつ。ゆえに募る国民の不安を、入管の〝パワー〟を見せつけて慰撫《いぶ》せんとする情報操作というべきか。

嫌韓・嫌中をはじめ、階層間格差の拡大に伴って人々の差別感情が噴出している状況をむしろ奇貨とし、権力維持に利用してきたアベ政権だ。入管と同じ目線への視聴者の誘導は、排他的で好戦的なムードづくりにも〝役立つ〟。民放各局は悪魔に魂を売り飛ばしている。

13年にTBSの「警察24時」クルーが鹿児島県警の警察官2人に密着した際、彼らを含む4人が酔った男性会社員を取り押さえて窒息死させた現場を撮影しながら、番組内ではもとより、報道でも扱わないという事件があった。映像は押収されたままで、取り戻そうとする素振りもTBSにはない。

この手の番組群は低予算で当局に喜ばれ、しかも一定の視聴率が見込まれるため、民放は挙《こぞ》ってやりたがる。こんなものを見て喜んでいる人々がいる限り、この国の堕落は果てしなく深まっていく。

（2018年11月19日）

もう一言

改正入管法は2018年12月、外国人労働者の受け入れ規模をはじめ、具体的な計画がまったく示されないまま、強行採決によって可決・成立した。彼らの人権や賃金相場の値崩れなど、懸念材料は山ほどあるが、受容に伴う社会的コストを誰が負担することになるのかという点も重大だ。筆者は焼身自殺した女性教師の遺族を取材したことがある。急増した外国人労働者の子弟たちのための授業をするために、彼女は懸命に努力していたが、学校も市教委も何も支援してくれなかったのである。

長谷川豊氏の騒動を報じたがらないのは？

フリーアナウンサーの長谷川豊氏★（41）が、2016年秋、テレビ大阪、読売テレビ、東京MXテレビのレギュラー番組を次々に降ろされた。彼が同年9月19日に配信した〈自業自得の人工透析患者なんて、全員実費負担にさせよ！　無理だと泣くならそのまま殺せ！〉と題するブログが、キャスターとして「不適切」だと判断されたためである。

凄まじい罵詈雑言《ばりぞうごん》だった。患者の大多数は〈バカみたいに暴飲暴食を繰り返す〉〈運動もしない〉〈周囲は必死に注意。でも無視〉〈で、ついに糖尿病患者〉になって透析が必要な腎症に行き着くと断言。高額な医療をそんな連中に施すな、という。

引用するだけでも胸糞が悪くなる。降板は当然だが、解せないのはマスコミが報じたがらない現実だ。一般紙はせいぜいがベタ扱い、芸能ネタとして取り上げたスポーツ紙の方がまだ詳しいほど。お仲間のテレビが黙殺を決め込んだのは、予定調和といえばいえる。

「どうせ炎上商法。デマや中傷を世間に広めないためには無視が一番」という考え方があり得ないとは言わない。ただ、今回はそれで済ませてよい問題ではないと思われる。長谷川氏を起用していた放送局が動いて社会問題化したこともだが、何よりも、件《くだん》のブログに共感を表明するコメントがかなり寄せられた時代の空気と、暴言の背後に蠢《うごめ》いていた実在の医師グループの存在を恐れるからだ。

「医信」という。現在は任意団体で、代表理事も副理事も現役の医師である。彼らは素人のアナウンサーほどには愚かな表現ではなかったものの、かねてフェイスブックなどで同様の主張を繰り返し

★1975年生まれ。2019年夏の参院選に日本維新の会から出馬する予定だったが、同年1月の講演会で被差別部落出身者に対する差別発言を行い、辞退に追い込まれた。

てきた。はたして医師でない長谷川氏も理事の名簿に名を連ねている。

ただし今回、「透析患者を殺せ」説への風当たりが強くなると、ことごとく削除された。医者が医療費財政を憂えてどうしたいのかというと、患者を減らす代わりに単価を引き上げ、楽に儲けられる仕組みに改めさせたいのだとも噂されるが、本稿では割愛する。

長谷川氏をめぐる騒動を、単に傲慢《ごうまん》なテレビ有名人の問題で片づけてはならない。彼1人を表舞台から遠ざけるだけでは、悪質なデマを吹き込んだ勢力は放置され続けることになる。私たちが診てもらっている医師が彼らの同志でない保証もない状態では、恐ろしくて病院にも行けないではないか。

糖尿病に限らず、本人の節制による予防は万能ではない。どんなに節制しても病気になる人はなるし、なる時はなる。このような時代に陥ってしまった以上、報道に求められるのは、社会全体が道を踏み外さないように、絶えず警告を発し続けることである。

消費税増税にもかかわらず、社会保障は今後もより削減されていくことが明白だ。マスコミが長谷川氏の暴言を報じたがらないのは、いずれ自らも「殺せ」の側に立つ用意——でなければよいのだが。

（２０１６年10月24日）

もう一言

この種の誤解と偏見は、時に事実上の殺人にも発展する。２０１９年3月、公立福生病院（東京都）が21人の腎臓病患者に透析治療をしない〝選択肢〟を選ばせ、死亡させていた事件が明るみに出た。提案した2人の医師の着任は13年4月。麻生太郎副首相が「食いたいだけ食って、飲みたいだけ飲んで、糖尿病になって病院に入る奴の医療費は俺たちが払っている」と暴言を吐いた時期と重なっていた事実、2型糖尿病の30～70％が遺伝的な要素による実態は、しかし、なぜか報じられない。

差別を煽る政治家たち

史上最低の中傷合戦と言われた2016年米大統領選★は、共和党のドナルド・トランプ氏の勝利に終わった。日本のメディアでも大きく報じられたのは当然である。在京紙では1面に北米総局長や外報部長の解説を載せるスタイルも共通していた。

勝てば官軍か、選挙期間中にはしばしば見られた冷笑は案外少ない。「朝日」が天声人語で〈民主主義は完璧ではないことを教えてくれた選挙〉だと揶揄《やゆ》してはいたものの、社説でまで罵倒《ばとう》じみた非難を重ねたのは「読売」ぐらいだった。

代わりに目立ったのは、トランプ当選の原動力となった、グローバル経済に伴う格差拡大や、支配層の独占に我慢がならなくなった中間層についての考察だ。〈クリントン氏の決定的な敗因は経済格差に苦しむ人々の怒りを甘く見たことだ〉(「毎日」)、〈数少ない収穫には、顧みられることのなかった人々への手当ての必要性を広く認識させたことがある〉(「東京」)、〈社会保障の充実、税逃れを許さない公正な課税など、中間層の視点に立った政策を地道に積み上げねば、この勝利の期待はたちまち失望に転じるだろう〉(「朝日」)などの社説は、米国への同化が進む一方の日本の読者の心にも刺さったのではないか。

ただ、新大統領の最大の欠陥は、度《ど》し難いレイシズムだ。中間層の不満には一定の理解も示しつつ、既存の国際秩序が壊されかねない危機を強調する各紙の社説は、なぜかこの部分には踏み込みたがらない。やや例外が「東京」で、〈女性や障害者をさげすみ移民排除を唱えるトランプ氏は、封印され

★11月８日に実施。敗れたのはヒラリー・クリントン元国務長官だ。民主党の予備選では“民主的社会主義者”を自任するバーニー・サンダース上院議員も善戦した。

ていた弱者や少数派への偏見・差別意識を解き放った。そうした暴言は多民族国家である米社会の分断を、一層進行させることにもなった〉とする同紙の指摘は何ほどのこともないのだが、この程度の認識さえ、メディア全体では重視されていない現実に苛立《いらだ》ちを覚えた。

なぜなら政治家が差別を煽《あお》り、それが大衆の人気を集める構図は、トランプ氏の専売特許ではない。石原慎太郎元東京都知事や現在の安倍晋三首相、麻生太郎副首相ら、この日本にも札付きが多い。折しも沖縄・高江の米軍へリパッド建設に抵抗する市民らを「土人」と呼んだ機動隊員を、あろうことか鶴保庸介沖縄担当相が擁護してのけたばかり。メディアはトランプ氏の差別と今後の成り行きに、もっと敏感でなければならないはずなのだ。

筆者の周囲の女性たちは一様に、「女性差別がグローバル・スタンダードにされる」と心配している。そんな事態にだけは陥らないよう啓蒙していくのが、ジャーナリズムの責務ではないか。

「在日米軍の駐留経費を支払え」とのトランプ発言については、「産経」東京本社編集局長・乾正人氏の解説（11月10日付朝刊）の、だったらこちらも本音で向き合え、〈沖縄の基地問題だって解決に向かうかもしれない〉という部分に共感した。といってもそこは「産経」、〈〈米軍がいなくなったら〉自衛隊の装備を大増強すればいい〉と来るから困ってしまうのだが。

（２０１６年11月21日）

もう一言

バージニア州シャーロッツビルで悲惨な事件が発生したのは２０１７年8月12日のことである。南北戦争で奴隷制維持を掲げた南部諸州軍のR・リー将軍の像の撤去計画を認めない右派の団結集会が開かれ、ネオナチや白人至上主義のＫ Ｋ Ｋ《クー・クラックス・クラン》の面々も合流した。これに抗議する人々の中に、かねてヘイト・クライムの常習犯だった21歳の白人男性が車で突入。32歳の女性が死亡し、数十人が負傷した。トランプ氏はコメントを発表したが、白人至上主義者らを名指しでは非難しなかった。

右翼の暴力も報じないマスメディア

信じられないような時代になった。２０１６年11月20日、東京・吉祥寺での反天皇制デモが右翼集団に暴力を振るわれたり、先導車のフロントガラスを割られたりしたのだが、機動隊は制止の真似事をしただけで、１人も現行犯逮捕をしなかった。デモ隊は約１００人程度。これを監視する５００人もの機動隊員が、30～40人による暴力行為に加担していたも同然だったということか。かてて加えて、かくも大規模でおぞましい事件を、直ちに報じた新聞やテレビが皆無だったのである。

東京新聞の朝刊特報面が、23日になってようやく伝えた。それによれば、デモ参加者の男性が、次のように話しているという。

「車がボコボコにされた後、吉祥寺駅近くまで三キロ弱の距離を一時間半ほどデモしたが、ずっと右翼団体に囲まれ、横断幕は破られ、拡声器を奪われたり、地面にたたき付けられたりした。右翼団体とのもみ合いであごから出血したり、歯が折れた参加者もいた」

「右翼団体は何のデモか周辺の人々に分からないようにすることが狙いだったようだ。私たちの主張が書かれているプラカードや、拡声器を集中的に狙っていた」

「これまで十年ほど運動をしているが、被害の大きさは過去最高。警察は右翼団体の暴挙を意図的に見逃しているようにしか見えなかった」……。

つくづく呆《あき》れる。ところが本稿締め切りの時点では、これ以外の報道が一切ない。東京新聞も特報面以外では取り上げなかった。つまり大方の人々にとっては、問題など何も起こらなかったことになっている。否、されている。

この国の社会はいったい、どこまで墜《お》ちれば気が済むのだろう。警察など所詮《しょせん》は権力の飼い犬でしかありはしない実態は常識。だからこそジャーナリズムは、彼らの暴走や不正をチェックするためにあるはずだ。もっと言えば、ネットの普及で政府や企業が情報を自在に発信できる現代においては、チェック機能以外の存在価値など、とうに失われているというのに。

時代の闇はあまりに深い。沖縄・東村での米軍ヘリパッド建設強行に抵抗する市民に、大阪府警から派遣されていた機動隊員が「土人」と言い放った無惨を思い出す。とりあえず伝えはしたメディアの多くが、その後、鶴保庸介・沖縄北方担当相が「差別とは断定できない」と発言したり、あろうことか政府が「謝罪の必要はない」との認識を閣議決定するに至ると、あっさり沈黙に転じた。気に入らない表現活動は弾圧で応える安倍政権の価値観に、マスメディアが首まで漬かってしまっている証左ではないか。

私たちはこんなふうにして、何も知らず、何もわからない、ただ権力に操られるだけの生き物に貶《おとし》められていく。ジャーナリズムの改心か、でなければ読者視聴者によるよほどのメディア・リテラシーの高まりがなければ、行き着く先は火を見るよりも明らかだ。

（2016年12月5日）

もう一言

天皇制反対デモを許さない右翼が支持し、機動隊員らが忠誠を誓う安倍首相自身は、明仁天皇に敬意を抱いていただろうか。2019年4月30日に宮中で行われた「退位礼正殿の儀」で彼は、「両陛下には末永くお健やかであらせられますことを願って〝い〟ません」と挨拶した、などと伝えられた。確かに聞き取りづらかったが、そう断言できるほど明瞭でもない。官邸はもちろん否定している。だが、明仁天皇は過去への反省を行動で示し続けた人だった。安倍氏の悪意が囁《ささや》かれる所以《ゆえん》である。

補論——保守論壇劣化への体験的一考察

「華氏451度」の発火点?

親しい編集者が言いました。

「これじゃあ、『新潮45』じゃなくて、『新潮451』だよね」

「うまい!」

感心したら彼は、「あ、でも、僕が考えたんじゃないですよ。友だちの言葉なんで」。

〝451〟というのは、SFの大家レイ・ブラッドベリが1953年に発表した『華氏451度』のモジリです。書物は思考を促して社会の混乱を招くという理屈で、読書が犯罪とされた近未来。本という本を焼き尽くす任務を負う有能な昇火士《ファイアマン》・モンターグの価値観は、しかし隣家の少女・クラリスとの出会いをきっかけに、少しずつ変化して……という物語でした。

マッカーシー旋風の時代のアメリカで書かれた作品。トリュフォーの映画でも有名ですが、最近は再映像化されて、日本でもCSチャンネルが流したり、舞台化までされているのはなんでかね、などという雑談ののち、私たちは月刊誌『新潮45』の話題に花を咲かせていたのでした。

『新潮45』が休刊に至った顛末《てんまつ》の最低限の説明はさせてください。２０１８年8月号に載った杉田水脈《みお》衆院議員の「『ＬＧＢＴ』支援の度が過ぎる」が、当事者や支援団体、マスメディアなどからその差別性を指摘され、社会的な非難を集めました。日本経済新聞を除く全国紙とテレビ番組のデータベースを検索すると、発売後の1か月間に、杉田氏を庇《かば》った自民党に向けられたものも合わせ、少なくとも71件の批判的な報道があったことがわかります。民放のワイドショーが、このうちの42件を占めました。

これに対して『新潮45』の編集部は、10月号で「そんなにおかしいか『杉田水脈』論文」という、7人の執筆者で合計38ページの特集を組みました。ところが、一部の記事に「あまりに常識を逸脱した偏見と認識不足に満ちた表現が見受けられ」（佐藤隆信社長の見解）て、猛反発を買ったのです。出版社にとっては身内の作家や書店からも、もうお宅では書かないとか、取引を停止するといった声が上がったといいます。

9月18日に10月号が発売されるや、新潮社内は騒然となりました。社長コメントが公表されたのは21日で、3連休を挟んだ25日の定例役員会が、この号限りの休刊を決定。「騒然」ぶりを具体的にと関係者に尋ねると、「特に若い文芸編集者たちが、〝仕事が手に付かない〟〝どうしていいのかわからない〟状態でした」ということです。

おおよそ以上の経緯でしたが、どうしてこれが『新潮４５１』という話になるのか、と首を傾げた読者も多いかもしれません。『新潮45』は当局に弾圧されたのではない、自分で勝手に墓穴を掘っただけではないか、と。

でも、やはり私は、一連の騒動に『華氏４５１度』を連想せざるを得ないのです。あのタイトルの由来は、紙の本が自然発火する温度（セ氏だと２３３度）でした。ブラッドベリの真意はマッカーシズム批判だけにあったのではありません。そして私は、『新潮45』休刊が、いち新潮社だけの問題にとどまらず、この国の出版ジャーナリズム全体を焼き尽くしてしまいかねないほど深刻な〝事件〟だと捉えています。

期待していた「杉田論文批判」への反論

あえて書きます。10月号の特集タイトルを最初に見た時、実は私、正直なところ、かなり期待してしまいました。杉田水脈氏への集中砲火については、私自身も相当な違和感を覚えていたので。

彼女の主張は正しいのに、という意味でないのはもちろんです。〈彼ら彼女らは子供を作らない、つまり「生産性」がないのです。そこに税金を投入することが果たしていいのかどうか〉とまで言い出すとは、呆《あき》れて物も言えません。あの相模原市障害者施設殺傷事件の容疑者とも同根の優生思想を連想させられました。批判されるのは当たり前です。

とはいえ杉田氏は、失礼ながら、世間総出で叩かなければならないほどの大物でしょうか。政治家としての実績もなければ、一般の知名度も高くない。所詮《しょせん》は素人が親分の喜びそうなことを言ってみました、という程度の代物です。なのに、なぜ、あれほどまでに？

『新潮45』編集部が、杉田氏を擁護する特集を組むこと自体は自然だし、むしろ歓迎すべきだと思いました。というのも、とりわけマスメディアの杉田バッシングが過熱した背景を、私はこんなふうに推測していたのです。

杉田氏がいわゆる〝安倍チルドレン〟の一人であることは、マスコミの常識です。彼女は「日本のこころ」の所属議員だった頃から、安倍氏が公的に発した主張を意訳した激烈な言辞《げんじ》を繰り返し、それが気に入られて自民党にスカウトされたというのですから、半端な絆《きずな》ではありません。

そんな杉田氏が大失態をやらかした。安倍政治がどれほど危険でも不誠実でも、まともに批判すると後が恐い。しかも近年は消費税の軽減税率やら東京オリンピックのオフィシャルパートナー契約やらもあり、忖《そん》度《たく》どころか政権の一部と見まがうようなチョーチン〝報道〟しかできなくなった（多少の温度差はありますが）全国紙やテレビ局も、彼女なら叩ける。邪魔になった子分など簡単に切り捨てるのが安倍さんという人なのだから、それで叱られたり、いただいた権益を取り上げられることもあるまい。そんな計算が働いてはいなかったでしょうか。要は八つ当たりですね。

あるいは、たとえば最大手広告代理店・電通の「電通ダイバーシティ・ラボ」（2012年発足）が15年に実施した20〜59歳の個人900人を対象とする全国調査で、LGBT層に該当する人が全体の7・6％、市場規模は5・94兆円ほどと見積もっていた推計、博報堂DYグループが16年に「LGBTに特化したマーケティングエージェンシー」を謳《うた》う「LGBT総合研究所」を設立した意図とメディアにとってのニュースバリューとの間に相関関係はなかったのか。LGBTに対する偏見解消にともかくも取り組もうとしている行政が、嫌韓・嫌中をはじめとする他の領域では、従来にも増して差別の旗を振っているようにしか見えないのはなぜか……。

――『新潮45』の特集が、かねて自分が抱いていた疑問に答えをくれるかもしれない。そういう「期待」でした。

でもやっぱり、『新潮45』は、私がイメージするところの保守系オピニオン誌ではなくなっていました。わかってはいたのです。いくら期待したって、今の『新潮45』にはどうせ裏切られるのだろうな、ともいうもうひとつの予感が、もろに的中してしまったことが悲しくてなりません。

LGBTは生きづらいからと社会的に支援するなら、痴漢が満員電車で女性の体を触る自由も認めろと言わんばかりの、多重暴力とでもいうべき戯言にまでページが割かれていたのは周知の通りです。LGBTの問題を、なぜか関係のないマルクス主義批判に持っていった不思議な記述も二本ありました。論理の筋道が通っていれば興味深いのかもしれませんが、私には意味がわかりませんでした。

保守系オピニオン誌の度量

私と『新潮45』との出会いは、20年も前に遡《さかのぼ》ります。面識のなかった編集長に呼ばれて、依頼されました。近頃はタバコを喫《す》う人間がまるで犯罪者扱いされるようになり、上からの統制も急速に進んできた。管理社会の一形態ではないかと思われるので、実態をレポートしてみてほしい――。

今日に至る禁煙ムーブメントの胎動を、それまでの私は、さほど強くは意識していませんでした。自分自身が喫煙者ではないせいか、どうせ他人事だと思っていた節があります。

とにかく仕事ですから引き受けて取材を進め、なるほどこのテーマは奥が深いと思い知りました。喫煙者を断罪する人々の狂信的にも映る〝正義感〟。WHO（世界保健機関）まで乗り出した壮大な舞台装置。タバコがなければ救われない境遇の人々に対する蔑視。はたしてアメリカの国策〝Healthy People 2000〟をサルマネした国民運動「健康日本21」を演出し、「人間一人ひとりの健康が、個人に委ねられているままでよいのか」と語った厚生労働省の官僚たち。タバコは公共の利益を阻害する〝根源的な毒〟だと見なしていたナチスドイツの先例……。

本場ニューヨークの取材では、ハーレムのスラム街で「ルーシー」と呼ばれるタバコのバラ売り（「束縛から解き放たれた」の意。増税で値上がりしたタバコを貧困層がパッケージ単位で買えなくなった）をさせない運動を進めていたグループに、思わず「拳銃や麻薬を止めさせるほうが先では」と、口を滑らせてしまいました。「論点をすり替えるのはスモーカーの悪い癖」だそうですが、その後の私はより一層、日本でもアメリカでも、タバコが〝人民の敵〟に仕立てられていったのと反比例するかのように、罪悪のレベルではケタ違いであるはずの戦争を忌避する人々の気持ちが薄らいできているように思えてならないのです。

取材の成果は「禁煙ファシズムの狂気」と題して、『新潮45』の２０００年1月号と2月号に連載しました。もはや禁煙が常識的な社会通念とされ、五輪を控えた東京都では家庭内の喫煙にも踏み込んだ条例が施行された現在も、タバコをめぐる議論になると、拙稿はしばしば引用されています。

それにしても、と今でも思います。タバコの問題とは縁のなかった私に、このテーマを書かせた『新潮45』編集長は凄い。保守論壇には禁煙ムーブメントに憤る喫煙者が大勢いるのに、マスコミ的にはリベラル陣営、市民派に分類されていて、ということは喫煙者を嫌悪する側に違いないと決めつけられてもおかしくないライターを起用した理由を、彼は「国民総背番号制度をマスターキーとする超管理社会ないし監視社会を、人間とは何物にも侵されない自由な魂を湛《たた》えた存在なのだと批判してこられた斎藤さんなら、喫煙者に向けられた官民一体の眼差しを解き明かすことができます」という旨の説明をしてくれた記憶があります。

〝禁煙ファシズム〟論そのものには納得していただけない読者も少なくないでしょう。でもそうやって、時流に染まることを潔しとせず、さりとて単純なアンチで済ませもしないで、独自の視点で書き手を発掘し、常に新鮮な誌面づくりを心がけていた、当時の『新潮45』の姿勢は、どうか評価してあげてほしい。

自分の記事のことだから言うのではありません。あの頃までの総合雑誌、保守系オピニオン誌は、どれもそういうところがあったのです。1982年に45歳以上の中高年を対象にした生き方雑誌『新潮45＋』として創刊され、85年に「＋」を外して以降は明確な保守路線を標榜《ひょうぼう》した『新潮45』も、頑固さと鷹揚《おうよう》さ、柔軟さを兼ね備えた雑誌の代表格だと、私は認識していました。

『諸君!』の〝諫死〟と保守論壇

『新潮45』の休刊が深刻だと私が受けとめているのは、過去にも文藝春秋と講談社で、悲しい事態を体験しているからです。ちなみに私は、この大手出版3社のいずれもから本を出しています。新潮社で『夕やけを見ていた男　評伝梶原一騎』（1995年、現在は『『あしたのジョー』と梶原一騎の奇跡』の表題で朝日文庫）、文藝春秋で『機会不平等』（2000年、現在は岩波現代文庫）、講談社では『「東京電力」研究　排除の系譜』（２０１２年、現在は角川文庫）などですね。

文藝春秋は、かつての私のホームグラウンドでした。独立前の約６年半を同社の『週刊文春』記者として働いたので、気心が知れた編集者がよく使ってくれましたし、私も「面白ければ何を書いてもいい、ただし、徹底的に取材したならば」をモットーとする「文春ジャーナリズム」に憧れていたのです。

中でもたくさん仕事をしたのは、月刊『諸君！』です。学生運動華やかなりし１９６９年に、これと対峙《たいじ》する保守論壇誌として船出した同誌と私の結びつきを、意外だと受け止める方がおられるかもしれません。でも、世間ではなんと言われていようと、いざ飛び込んでみた『諸君！』は実に鷹揚で、〝天皇の悪口以外は何でも書ける雑誌〟でした。

兄弟誌の月刊『文藝春秋』はなにしろ毎号１００万部近くを売り上げる〝国民雑誌〟でしたから、制約も多い。『諸君！』の部数は数万部で、広告が少なく、スポンサーの介入もありません。私のような企業批判を中心テーマに据えた物書きにはありがたい媒体です。のびのび書けて、でも取材も原稿も編集者が厳しくチェックしてくれるので、若い者にとっては、この道でやっていけるかどうかの登竜門でもありました。

よく考えれば、そんなことは当たり前であるはずなのです。仮にも文筆を生業《なりわい》とする人間が、右だの左だのと単純にラベリングされなければならないほどおめでたいわけがないじゃありませんか。他人の評価は甘んじて受けるしかないにせよ、世の中をよくしたい、一人ひとりが幸福になれる社会を築こうよ、という根っこの思いは同じだよなと、あの頃の私には信じることができていました。『諸君！』には障害者差別丸出しの文章を書いて騒がれた〝保守論壇の重鎮〟を干した時期があることも知っています。

少なくとも現在に比べれば、意見が対立する者同士だろうと、対話ぐらいは成立する土壌はあったと思います。前記の『機会不平等』も、その前に出した『カルト資本主義』（文藝春秋、１９９７年）も、かなりの部分が『諸君！』で書いた記事がベースになっています。私の単行本デビュー作『国が騙した――ＮＴＴ株の犯罪』（文藝春秋、１９９３年）も、産経新聞社の月刊『正論』での、連載「ＮＴＴ株物語」を基にした作品でした。

保守論壇の様相が一変したのは、小泉純一郎政権が誕生した時期からです。彼が推し進めた新自由主義による構造改革路線は、いわば日本社会のアメリカへの同化政策でしたから、これを〝売国〟だと難じる論考があってしかるべきだと思うのですが、そういうのは一切ない。『諸君！』もいつの間にか、ただ〝上〟だけを向いて、〝小泉政権に無条件で服従しない奴はみんな敵だ、サヨクだ〟という誌面になっていきました。『機会不平等』で格差社会の恐怖を書いた延長で小泉構造改革を批判し、新自由主義と新保守主義《ネオコン》の相互補完で監視社会化が加速すれば、自由はますます奪われるとの指摘を重ねていた私も、当然のように攻撃されます。ネチネチやられるのがうるさくて旧知の編集長に電話をかけ、「俺のことを叩くのは勝手だけど、今度から取材ぐらいはしてくださいよ。文春なんだから」と告げ、先方も、「はい、わかりました」と言ってはくれたのですが――。

信じた私がお人よし過ぎるのでしょう。『諸君！』が２００６年の８月号に載せた「サヨクの最後の砦《とりで》――『格差社会』『愛国心』『共謀罪』ハンタイ」（仲正昌樹）で、私は10ページにわたって嘲笑されました。「脳内ヒキコモリ系」の「トンマなサヨク」で、「バカ者」なのだそうですが、直接の取材はおろか、周辺取材の形跡もありません。引用の仕方も卑劣きわまりなく、一緒に仕事をしたこともある担当編集者に、「見開きでいいから反論させろ」と迫るも、「投書欄でなら」との返事。挙げ句の果てに、「著者には別のテーマの原稿をお願いしたのですが、これを書いてこられたので……」。「お前ら、それでも文春か！」と怒鳴りつけて、電話を切りました。

この頃の『諸君！』は、毎号約８万５０００部をキープしていました。創刊以来の最高水準です。が、後の新語で言えば正真正銘の「ネトウヨ」雑誌に変質した『諸君！』には、文春社内でも眉を顰《ひそ》める人が続出。

翌2007年春に編集長が交代し、真っ当な誌面を取り戻すべく努力しているようでしたが、部数は逆に減少し、赤字が嵩《かさ》んで、09年6月号を最後に休刊を余儀なくされます。

「読者はよく見てくれていると、改めて思う。休刊は残念、『諸君!』は『正論』や月刊『WiLL』の行き過ぎを正す雑誌なのに、という声が多く寄せられた。また『WiLL』みたいな誌面に戻せば買いたいのだがという反応も少なくなかったが、それはもういいやね」。

休刊決定の直後、久しぶりに会った編集担当役員(当時)に聞かされました。私は東京新聞の夕刊文化面(同年3月18日付)に、「『諸君!』の諫死《かんし》」と題する論考を寄せました。劣化と衰退の一途を辿《たど》る保守言論界を、『諸君!』は身を以て諫《いさ》めたのに違いないと、祈るような思いで書いた原稿です。

ケント・ギルバート本ヒットの舞台裏

あの頃は、そういえば休刊ラッシュと形容されていた時期でもありました。ネットの爆発的広がりに呑み込まれ、あるいは荒波に耐えきれず方向性を見失って。総合誌やオピニオン誌の分野では、マガジンハウスの隔月刊『ダカーポ』(07年12月)、朝日新聞社の月刊『論座』(08年10月)、集英社の月刊『PLAYBOY』(09年1月)、講談社の月刊『現代』(09年1月)などが挙げられます(カッコ内は休刊月)。

2000年代の中盤、『諸君!』のみならず、文藝春秋の全体に敬遠されたらしい私は(石原慎太郎都知事に対する度重なる批判も不興を買ったようです)、主戦場を『現代』に移していきました。忘れられないのは休刊の少し前まで合計8回も連載した「『戦争経済大国』ニッポン」です。戦後日本における高度経済成長の最大の原動力が、実はベトナム戦争に伴う特需にあったという現代史のタブーに挑み、『現代』休刊後は後継誌『G2』(ただし季刊)で、今度はアメリカの覇権戦略により深くコミットした歪んだ帝国主義を志向し始めた日本の同時代史に切り込んでいきました。

ですが、この『G2』も、2015年5月発売号を最後に休刊してしまいます。講談社は同時に、ノンフィクションの書籍編集セクションを廃止。かねて「講談社ジャーナリズム」を自称してきた分野に、基本的にはもうあまり力を入れるつもりがないのだと宣言したようなものでした。

『現代』も『G2』も、ネトウヨ化はしないままに終わったのですが、いずれにせよもう書く場がないのですから、私と講談社が疎遠になっていくのは自然の成り行きです。仲のよい編集者とは相変わらず酒を飲んではいるものの、やがて露骨に素っ気ない態度を取ってくる幹部が現れ、ややあった2017年2月。講談社＋α新書の一冊として刊行された、あの『儒教に支配された中国人と韓国人の悲劇』（ケント・ギルバート著）が、この年の新書・ノンフィクション部門で最大部数を売り上げるベストセラーになりました。

同書によれば、中国人や韓国人は「禽獣《きんじゅう》以下」で、「息をするように嘘をつく」のだそうです。差別以外の何物でもない、典型的なヘイト本を、今や猖獗《しょうけつ》を極める生粋のネトウヨ出版社ならいざ知らず、よりにもよって天下の講談社が出版し、荒稼ぎしただなんて。これが最大手出版社のやることか。

ある女性従業員は「組合ニュース」で血の噴き出るような叫びを上げ、拡散されて、読む人の涙を誘いました。

「私はこの本の存在を、書店、そしてネット上のレビューで見たときに、本当に目の前が真っ暗になるほどの絶望を感じました。（中略）都知事ですらも過去の虐殺を否定し、韓国由来の銀行が放火され、毎週のように差別デモが行われている今の日本社会で、講談社がルワンダの『千の丘ラジオ』（引用者注……1994年にフツ族系の政府と過激派に50万〜100万人のツチ族が虐殺された事件を扇動したとされる）になるようなことは、絶対にやめて下さい。我々は、そのような事態を起こさないために、文化を作っているはずです」。

でも、講談社の編集幹部や経営陣には、どこまで届いたものか。2018年の2月には同じ＋α新書でギルバート氏の続編が出ました。私が頭を抱えたのは、彼の担当編集者が出版業界紙のインタビューで、〝ヒットの秘訣〟について、次のように語っているのを発見した時です。近年の日本ではアンチ自虐史観が売れるが、普通の日本人が「日本は外国に比べて優れている」と書くだけでは弱いのだと言います。

「(『儒教に～』が)ここまで伸びたのは、ケント・ギルバートさんというアメリカ人が『日本人と中国・韓国人は別物ですよ』と言ってくれたからだと思います。欧米人の書いた反中国・反韓国本だからこそ、特定の人たちだけでなく、多くの日本人に受け入れられたんでしょうね」(「〝時代の空気読む感性〟磨き続ける」『新文化』2017年9月21日号より)

売れればいいとだけ考える限り、これも一面の真実です。ただ、欧米人に褒められると喜ぶ、中国人や朝鮮人を差別して喜ぶというのは、日本人が近代化以降に植え付けられた最低の習い性で、誰でも承知している特質ですから、自慢されても困ります。わかっていても手を出さないのが、出版を志す者や会社の最低限の矜持《きょうじ》というものではないでしょうか。

雑誌ジャーナリズム回復のプロジェクトを

大宅壮一賞と講談社ノンフィクション賞。定評あるノンフィクション賞を主宰してきた二大出版社の自滅が、いわば前史でした。新潮社もまた、この分野では最後発ですが、「新潮ドキュメント賞」を2002年から主宰しています。

『新潮45』はここ1、2年ほどの間に、急激にネトウヨ化してきていました。保守とネトウヨはそれこそ「別物」です。売れていた頃の『諸君!』と似たような誌面でしたが、当時と違うのは、昨今の書店がネトウヨ雑誌やヘイト本で溢《あふ》れかえり、競争が凄まじいので、手を染めたからといって売れるというものではないということ。ピーク時(2002年)には常に5万部を超えていた『新潮45』も、ここ数カ月はせいぜい1万部前後で推移していたといいます。

情けなかったのは、書き手の顔ぶれです。『ＷｉＬＬ』や月刊『Ｈａｎａｄａ』でおなじみの人だらけで、新潮社らしいユニークな切り口など微塵もなく、あるのは差別と、ヘンにひねったイヤミだけ。最終的にはＬＧＢＴ絡みの企画が命取りになったわけですが、それだけが原因でなかったことは明白です。みんな変わってしまった。名門・新潮社の雑誌までがネトウヨ化したことへの怒りが、読者にも関係者たちにも積もり積もって、あれだけの事件に発展したのです。

『諸君！』の休刊を「諫死」と讃えた私ですが、三度目の『新潮45』の場合は賛成できません。社会全体の劣化を牽引《けんいん》した責任は、彼ら大手出版社自身に取ってもらう必要があります。とりわけ大きな話題になったばかりの新潮社には、どうしてもやってもらわなければならないことがあるのです。

それは、もはや反知性とさえ形容できないほどに荒廃したこの国の言論を回復させ、むしろ高めていく舞台を用意すること。分断され、普通の会話もままならなくなった感のある論者やメディア同士を引き合わせ、真っ当な議論を成立させる広場となること。かつての『文藝春秋』に与えられていた冠〝風呂敷雑誌〟（なんでも包み込むの意）の現代版で、かつ創刊当初の『新潮45＋』が目指していた本物の大人の雑誌を今こそ、と言ったらわかりやすいかもしれません。それもウェブマガジンの類《たぐい》ではなく、あくまでも紙の雑誌で。

ウェブの世界では情報は無料が原則のようです。読む側の構えも違う。感情に支配されやすいのもネットです。他との競争上、原稿料にも取材費にもお金をかけられません。ただでさえ困難な道行なのに、それでは厳しい。リニューアルされた新生『新潮45』にぜひ手掛けてもらいたかった大仕事ですが、ここまで来たら新創刊の形でも構いません。文藝春秋や講談社でも、何なら3社、いやオール出版界による「ノンフィクション再生プロジェクト」を立ち上げるぐらいの気概がなくてはおかしいのではないですか。

『華氏451度』の中盤、悩める主人公が救いを求めた老教授が、こんなことを言っていました。本を、知性を取り戻すのは容易なことではないとして、

「文化全体が撃ち抜かれておるのだからな。骨組みを溶かして、組み直さねばならん。残念ながら、半世紀前に捨てた書物をまた拾えばいいという単純な話ではない。いいかね。昇火士などほとんど必要ないのだよ。大衆そのものが自発的に、読むのをやめてしまったのだ」（傍点引用者。伊藤典夫訳、ハヤカワ文庫、2014年）

作者のブラッドベリは後に2007年、「ロサンゼルス・ウィークリー」のインタビューで作品の執筆動機を問われ、「描きたかったのは国家の検閲ではなく、テレビによる文学への関心の破壊だった」と答えています。あらゆる情報をスマホで知り、活字になど見向きもしない人が増殖している現代社会に、そのまま当てはまる警告ではありませんか。

このまま放置しておけば、雑誌ジャーナリズムは確実に滅びます。いずれは新聞も、単行本も。『華氏451度』の世界を現実にしたくなければ、状況を憂えるプロフェッショナルが総力を結集し、本気で打開の道を模索していかなければならないと確信しています。マイナスからの再スタートに、いつか私も笑顔で参画できる日を楽しみにしています。

『日経ビジネス』2018年11月12日号の巻頭特集「ここまで来た監視社会」。大手誌にも志を持ったジャーナリストがいることを示した読みごたえある内容だった（206ページ参照）

第6章　良識ある報道にも注目

ゴーンをめぐるスクープと白けた話題

朝日新聞が素晴らしいスクープをぶっ放した。2019年2月21日付朝刊の1面トップ〈日産、前会長「追放」へ脚本／パリの弁護士集団、指南役〉。日産自動車のカルロス・ゴーン前会長が逮捕され、2019年1月に会社法違反（特別背任）などの罪で起訴されたのは、米国の大手法律事務所レイサム&ワトキンスのパリ事務所が描いたシナリオだったという新事実を明らかにしている。

記事によれば、日産の幹部らが同事務所の門を叩いたのは2018年春のこと。経緯はこうだった。日産は約20年前、ルノーに救済されて破綻《はたん》を免れた。ゴーンはルノーで経営陣の一角にいた地位はそのままに、日産のトップを兼任。日本に移住して、見事な復活を遂げさせる。一方、日産への介入を目論むルノー本社や筆頭株主であるフランス政府★の〝防波堤〟ともなってきた。

ところが彼は、2018年2月、ルノーの会長兼CEOを再任された頃から変節した。日産車はフランス国内の雇用を維持するのに欠かせぬ存在になっている。日産への影響力を弱めたくないマクロン大統領が、ゴーンを退任させない条件として〈「日産とルノーの関係を不可逆なものにする」との約束をゴーンと交わしたとされる〉という。

このままでは名門・日産の自主性は完全に失われる——。密約の存在を察知し、危機感を募らせた幹部たちが、ゴーン追放を図って協力を求めたのが、2600人もの弁護士を擁し、国際的なM&A（合併・買収）に強く、けれどもルノーとの取引がない法律事務所だったというわけだ。

私はうなった。さすがは「朝日」である。記事は〈ゴーンショック／揺れる日仏連合〉と題して3

★ルノーは戦後の半世紀近くも国営だった。1996年に完全民営化されて以降も政府の持ち株比率は高い。両者の関係が密接なのはこのためである。

日続けて連載されたが、どの回も他紙の追随を許さない内容だった。

ただ、それだけに、大いに不満が残った。これほどの取材ができる新聞社が、同じパリを舞台に進行中の、竹田恒和・日本オリンピック委員会（JOC）会長による贈賄《ぞうわい》疑惑については、どうして沈黙を決め込むのか。彼は2020年東京五輪の招致をめぐり、IOC委員の息子に不正な金銭を支払ったとされ、フランス捜査当局に重大な容疑をかけられている。

仏紙が2019年1月に大きく報道し、これを受けて日本の各紙も一応は伝えた。が、まともな続報はない。「朝日」「毎日」「読売」「日経」の大手全国紙4紙が、JOCとの間でオフィシャル・パートナー契約を結び、つまりは報道機関であることを放棄して、五輪商売の当事者になってしまっているからだ。都合の悪いことは報じない。実にわかりやすい行動原理である。

折しもゴーンのスクープが載った「朝日」の2月21日付社説は、その竹田氏を役員定年を延長してまでトップに据え続けようとしているJOCを批判していた。書いて当然の反応ではあるが、本丸の事件には知らん顔では白ける。新聞各紙は、一刻も早く自己否定にも等しい契約など解除して、ジャーナリズムのプライドを取り戻してほしい。

（2019年3月4日）

もう一言

ゴーン前会長は最初の逮捕で100日以上も拘留され、その後も保釈や再逮捕が繰り返された。国際社会からは、またぞろ日本の人質司法かという批判が高まっている。そもそもヨーロッパのプロ経営者を日本企業のトップに据えた段階で、当局も金銭面での融通は黙認していたのではないかと考えられ、とすれば今回、ここまでやらなければならない理由がよくわからない。背景には米国の意志があるのではないか。近い将来に日産がルノーから離れ、米国企業の傘下入りする可能性なしとしない。

消費税問題、実態ルポに希望も

腐っても鯛、というべきか。消費税と中小・零細事業の関係を報じる最近の朝日新聞が興味深い。2015年8月23日付朝刊2面「消費増税　しわ寄せは零細に」が読ませた。増税で苦境に陥ったとび職や板金工場などの実態をルポしている。「そのうち仕事も、生活も、消費税に食われちゃうんじゃないか」と嘆く事業主の叫びが悲痛である。

〈売値に増税分を転嫁（上乗せ）できない場合、税が免除されるわけではなく、★事業者は「自腹」で納税する〉。消費税の悪魔的な本質も描かれた。そう言えば「朝日」は、ひと月前の7月20日付朝刊オピニオン面でも、目下の「景気」の実情を、中小企業経営者に語らせていた。

「大企業は、景気がいいって言ってるんですか？　われわれ下請けを苦しめることも含めた『企業努力』の結果でしょう」と、東京都大田区で社員16人のプラスチック成型業を営む社長。大手メディアに絶えて久しい指摘で記事を結んだのは、中小企業を担当する中島隆編集委員である。〈あらためて現場を回って感じたことがあります。政府や財界への非難の声の強さです〉〈国内総生産（GDP）や株価、日銀短観など、マクロなデータだけを見て、「景気がいい」と言い切る。これほど非情なことはありません〉。

下請けイジメの問題は、そのまま転嫁の問題でもある。2本の記事を併せて読むと、消費税と中小・零細事業の関係を理解できる仕掛け、なのかもしれない。

まだるっこしいことだが、なにしろ従来の「朝日」は、消費税増税バンザイ一色だった。中小零細

★消費税の納税義務者は消費者ではない。年商1000万円以上の事業者が、商品やサービスの価格に税金分を転嫁できてもできなくても、納税する決まりになっている。

のごときはお国のために死になさいとでも言いたげ。社会保障の充実を謳《うた》って8％への増税が断行されたのに、安倍晋三政権がかえって年金や児童福祉の施策を後退させているのは、税率の引き上げ幅が小さすぎるせいだ、などとする倒錯さえ珍しくなかった（14年11月21日朝刊、28日付朝刊など）。

日本新聞協会は新聞にも飲食料品や生活必需品と同様の軽減税率適用を求めて、自民党への陳情を重ねている。社論を権力との取引材料に使うようでは、この国のジャーナリズムもおしまいと絶望しかけていた。「朝日」が本気で軌道修正を始めたのかどうかはわからない。所詮《しょせん》は一部の良識派記者たちの反乱なのかもしれないが、それを許した懐の深さらしきものに、とりあえず希望を繋《つな》げよう。ちなみに他の全国紙（「日経」を除く）とNHKのデータベースには、4月新年度からの5カ月間、転嫁の問題を取り上げた報道は見当たらなかった。

「朝日」への期待が余計に募る道理だが、少しだけ苦言も。15年8月23日付の紙面には、〈消費税は、消費者が買い物をした時に支払うが〉とか、〈消費増税〉などといった表現も目立った。原則すべての商品・サービスの、あらゆる流通段階に課せられる現実を誤解させる、財務省発の印象操作に乗ってしまったままでいる。正しく〈消費税増税〉の用語を使ってほしい。★★

（2015年9月7日）

★★原則すべての商品・サービスの全流通段階で課せられる税なので、小売り段階だけかのような印象を与える表現は避けるべき。消費税という名称自体に疑問がある。

もう一言

残念ながら、朝日新聞の健闘はここまで。本稿も無理やり一部の記事を讃えてみせた感が否めなかったが、現在はやがて再び、会社挙げての消費税増税バンザイに舞い戻っている。ただ、2019年の4月になって、MMT（現代金融理論）をめぐる報道が散見されたのが嬉しい。財政危機だから増税は不可避、という従来の〝常識〟を根底から覆す可能性があるセオリーで、これが妥当だということになれば、消費税増税はそもそもの根拠を失う。詳しくは44ページに譲りたい。

リニアの問題点に迫った経済週刊誌

経済週刊誌『日経ビジネス』の2018年8月20日号が、素晴らしい特集を組んだ。「リニア新幹線　夢か、悪夢か」。JR東海を中心に、東京―大阪間を時速500キロ、1時間で結ぼうとする国家的事業《ナショナル・プロジェクト》の実態を、克明に暴き出したものである。

特集のパート1「速ければいいのか／陸のコンコルド」は、川勝平太・静岡県知事の怒りから書き起こされた。リニア中央新幹線のトンネルは大井川の水源を横切るので、着工後は毎秒2トンの水量が失われる。水不足が不可避だ。

だから川勝知事は「全量を戻してもらう」と言い切る。ルートの変更を求める姿勢さえ示した。もともとはリニア推進派だった現職知事が、これほどの思いに至っていたとは――。

もっとも、実は初めて報じられた事実ではない。「川勝」「リニア」「水量」の3語で過去5年間の新聞データベースを検索すると、数十本の記事が現れる。ただし、どれも地方版だ。事の重大さに照らして異様に過ぎる。全国紙各紙は、報じはしたものの、全国ニュースにはしたくなかったのである。

『日経ビジネス』が禁を破った。他にもリニア計画の問題点がきちんと描かれている。膨大な電力量の費消。赤字が確実なのに、3兆円もの財政投融資がつぎ込まれる茶番。南アルプス中央構造線断層帯をはじめ活断層を次々に貫いていくトンネルの危険。全長の9割近くを占めるトンネルから掘り出される残土処理の不透明さ……。

パート2「安倍『お友だち融資』3兆円／第3の森加計問題」や、パート3「『平成』の終焉《しゅうえん》／国鉄は2度死ぬ」もいい。葛西敬之・JR東海名誉会長と安倍晋三首相の癒着《ゆちゃく》や、リニアが現状以上に歪めていく近未来の日本が、それぞれ活写されている。

極めつけはその葛西氏の直撃インタビューだ。彼がそれなりに率直に語り、己らの無責任さや被害を受ける人々への配慮のなさをさらけ出した話を公にできたのは、記者たちの努力に加えて、「日経」ブランドの力が大きかったと思われる。近年は権力に近くないメディアの取材はそれだけで拒否されがちなので、大手が真っ当な仕事をすることがいかに重要かがよくわかる。

版元の日経BP社が属する日本経済新聞社グループは近年、政権への擦り寄りが目立つ。首相のスピーチライターで、最近、読むほうが恥ずかしくなるようなヨイショ本『安倍晋三の真実』（悟空出版）を出版した谷口智彦氏も『日経ビジネス』の元記者だった。

つくづく絶望的な今日のマスコミ状況だが、それでも志のあるジャーナリストは残っている。読者には新聞や電車の中吊り広告などに注目し、光る見出しを見かけたら、ぜひ現物を手に取ってみることを勧めたい。読書の楽しみを再発見できるし、孤軍奮闘しているジャーナリストたちの励みになれば、世の中はもう少しよくなるはずだから。

（2018年9月10日）

もう一言

2019年5月、リニアの計画予定地である南アルプス市の住民ら8人がJR東海を相手取り、用地にかかる約5キロ区間の工事差し止めなどを求める訴えを甲府地裁に起こした。開業後の深夜に及ぶ騒音や振動による健康被害や農地の分断を恐れている。JRに庭の一部だけを買い取りたいと提案された住民は、さりとてその金額では移転もできないという。リニアをめぐっては、一都六県の沿線住民ら約700人からも裁判が提起されているが、マスメディアの扱いはことごとく冷淡だ。

監視社会の今を伝えた『日経ビジネス』

経済週刊誌『日経ビジネス』が、またまた見事な特集を組んでくれた。2018年11月12日号の「ここまで来た監視社会　勃興する第2のGAFA」だ。リードからして、〈小説『一九八四年』の絶対的支配者「ビッグ・ブラザー」が現実社会に降臨した。（中略）街中では多くの「目」が通行人を見張り、オフィス内でも逃げ場はない。一方で、進歩を続ける監視テクノロジーは多くのベンチャー企業を生み出し、（後略）〉と明確な問題意識を示して余りある。ちなみにGAFAとは、大量の個人データを世界規模で収集している巨大IT企業――グーグル、アップル、フェイスブック、アマゾン――の総称だ。

特集は以下の4本から成っていた。まず「デストピアからの悲鳴」。中国西端の新疆《しんきょう》ウイグル自治区が〝先進的な〟監視技術の実験場と化し、全行動が当局に見張られ続けている住民たちが描かれた。ムスリムのトルコ系民族が多く、政府の差別的な抑圧に対する抵抗が根強い地域ゆえの牢獄である。

次に「犯罪データに商機あり　町には死角なし」。映画「マイノリティ・リポート」よろしく犯罪予知システムを駆使するロサンゼルス市警や、ドライブレコーダー設置車のオーナーを組織化した「見守り協力隊」を発足させた福井県警坂井署などを取材。監視社会は中国の専売特許などではまったくない現実を詳《つまび》らかにしている。米国155台、中国130台、英国100台、日本40台……人口1000人当たりの監視カメラ台数だ。

あるいは、従業員の位置情報を絶えずモニタリングせずにはいられない企業の行動様式を探る「月

300円で完全追跡　社員はもはや〝丸裸〟」や、監視社会がベンチャーの〝ゆりかご〟になっている米中日のビジネスシーンに迫った「日本勢の反撃　カギは『炎上』防止」。どれも掘り下げが深かった。

最近の『日経ビジネス』は実に充実している。18年8月20日号のリニア中央新幹線に批判的な特集を本欄で紹介したのが記憶に新しい（本書204ページ）。現在の東昌樹編集長は、経済記者のスキルと社会的な視点を併せ持ったジャーナリストなのだろう。

それだけに、ビジネス誌は金儲けの役に立ってナンボという発想からは、批判の的にされがちだ。実際、月刊『WiLL』の11月号は、件《くだん》のリニア特集を難じる「朝日に成り果てた『日経ビジネス』」（川﨑貴二）を載せている。それで論争が深まるなら結構なのだが、残念ながら、リニア反対派にたくさん取材して怪しからんとか、JR東海側の言い分を長々と引くばかりで、反論になっていない。『WiLL』の同じ号には、「ビジネス誌はマユにツバして読め」（深田萌絵）という記事もあった。中国企業を取り上げただけで〝中国寄り〟だと決めつける書きっぷりには恐れ入ったが、この手の雑誌に叩かれるようなら、昨今のビジネス誌は案外、捨てたものではないのかも。

（2018年12月3日）

もう一言

ビジネス誌では『週刊東洋経済』2019年3月9日号の特集「狂乱キャッシュレス」もよかった。政府が国策に掲げ、大混乱に陥っているスマホ決済市場の現状を、批判的な視点を交えて丁寧にルポしている。本稿で紹介した『日経ビジネス』記事と合わせて読めば、キャッシュレス化の背景にある「ビッグデータの争奪戦」が監視社会のエンジンになっていく実相が理解できるだろう。大企業の思惑だけでなく、ブームに戸惑う個人商店の声をしっかり拾っているのも好感を持てた。

「アッキード事件」報道はどこへ

安倍晋三政権が揺れている。首相と昵懇《じっこん》の理事長が運営する学校法人「森友学園★」（大阪市）に国有地が超安値で売却され、しかもその土地で開校する小学校の名誉校長に昭恵《アッキー》夫人が就任。寄付金集めに「安倍晋三記念小学校★★」を名乗っていた事実が明るみに出たのだから、当たり前だ。

人呼んで「アッキード事件」。リベラルぶりっ子で自由な夫婦像を装ってきた演出の底が、とうとう割れたというわけ。報道各社の追及も熱を帯びてきた。「読売」などそ知らぬ顔を決め込む一部新聞は論外でも、日頃は政権ベッタリなフジテレビの朝のワイドショー「とくダネ！」までが、しっかり頑張っている。ガンガンやってもらいたい。これほどまでに低次元な連中が、それでも権力の座に居座り続けることができるなら、この国の社会は、もはや民主主義の名に値しないということなのだから。

というわけで、各社のファイトは大いに結構。ただ、もうひとつ素直に喜べない気もするのはなぜだろう。戦争法制も原発推進も国民総背番号《マイナンバー》も、あるいは社会保障の削減も言論統制も、安倍政権のあらゆる暴政に、この国のメディアは本気で抗《あらが》ってこなかった。それどころか権力に擦り寄ることばかりに血道をあげて、世の中をとことん狂わせてきた。

それが、今回はどうして、アッキード事件に飛びついたのか。〝ファーストレディ〟としてブイブイいわせていた女性の無様《ぶざま》さ、何もわからずに権力者を崇拝させられている子どもたちがかわいそう、北朝鮮の金王朝とどこがどう違うのか、くだらなすぎる血税の費消のされ方……。視聴率を稼げる要

★前身で現在も傘下の塚本幼稚園は1953年の創立。教育勅語を導入。事件以前は園児らに、安倍首相は「日本を守ってくれる人」だと唱和させていた。

素がてんこ盛りなのが、アッキード事件の特徴だ。わかりやすくて絵になる。ワイドショーがハッスルするのもむべなるかな、か。深い問題意識は期待すべくもない。

だが、だとすると、情勢次第でいつでも方向転換があり得る——のではないか。要はこの国のメディアを、筆者はどうしても信用できなくなってしまっている。

実際、国会論戦が激しくなった2017年2月27日には、安倍首相が内閣記者会加盟報道各社のキャップらと、東京・赤坂の中華料理店「赤坂飯店」で懇談会を開いた。日刊ゲンダイ（17年3月1日付）によると、当日になって首相の側が持ちかけてきたらしい。宴席では森友学園についての釈明があったという。

19年10月に予定されている消費税率10%への再増税の際、新聞には軽減税率が適用されることが、すでに閣議決定されている。人間の生死に関わる食品でも、生活必需品でもないのに特別扱いしていただくために、日本新聞協会は政権への陳情——早い話がオネダリ——を重ねてきた。「借りを返せ」と恫喝《どうかつ》された時の反応が恐ろしい。

いやいや、思うまい。今はただ、マスメディアの久しぶりの奮闘を見守ることを優先しよう。

（2017年3月13日）

★★森友学園が用意していた新設校の学校名。近畿財務局が2014年3月に大阪府を訪ねた際の記録にも残されていたが、後に「瑞穂の国記念小學院」に変更されている。

もう一言

本稿と前後して、国家戦略特区に指定された愛媛県今治市での学校法人加計《かけ》学園・岡山理科大学の獣医学部新設計画をめぐっても、同様の構図があった事実が浮上した。森友と合わせて「モリ・カケ問題」と呼ばれ、特に「朝日」はスクープを連発していたが、どんな新事実が出てきても、当の安倍首相や官邸が何も認めない。騒がれる割には内閣支持率も下がらず、いつの間にか沙汰止みになってしまった感が否めない。「ペンは剣よりも強し」は、市民の主権者意識があってこそ成立するのだが。

眠っていた記者魂に火をつけたもの

学校法人・森友学園への国有地払下げをめぐる問題が、ようやく大詰めを迎えつつある。引き金を引いたのは2018年3月2日付の朝日新聞朝刊だった。取引の際に財務省が作成した決裁文書について、〈契約当時の文書の内容と、昨年2月の問題発覚後に国会議員らに開示した文書の内容に違いがあることがわかった。学園側との交渉についての記載や、「特例」などの文言が複数箇所でなくなったり、変わったりしている。複数の関係者によると、問題発覚後に書き換えられた疑いがあるという〉と1面トップでスクープ。官邸周辺や外野席の安倍応援団たちの、〝また「朝日」の捏造《ねつぞう》か〟式の罵詈雑言《ばりぞうごん》を浴びながら、「朝日」はよく耐え、淡々と続報を重ねた。

彼らの仕事は各社の眠っていた記者魂に火をつけた。同8日には「毎日」が夕刊で、財務省が認めたものとは別の、やはり「本件の特殊性に鑑《かんが》み」などといった表現がある決裁文書の存在を報じる。隠蔽《いんぺい》の見返りに国税庁長官ポストを与えられていた佐川宣寿・前財務省理財局長が10日付で辞任し、財務省が12日の国会で公文書を改竄《かいざん》していた事実を認めたのも、記者たちの奮闘努力の賜物である。

これぞジャーナリズムの本懐だ。「朝日」をはじめとする新聞各紙には本欄もずいぶんと批判してきたが、今回ばかりは脱帽する。

新聞はもちろん一様ではない。在京紙だけを比較しても、改竄の事実が確定して以降も財務省の言う「書き換え」の用語をそのまま使う「読売」「産経」「日経」と、明確に「改竄」と断じるようになった「朝日」「毎日」「東京」と、相変わらずの2派に分かれている。

分かれてはいるが、たとえば「読売」には、従来とは異なる、それなりにまともな報道が目立ち始めた、ようにも思う。幾度か書かれた社説はどれも当たり前の正論以上でも以下でもなかったけれど、その当たり前さえ排除し、ひたすら政権の宣伝だけを垂れ流してきた以前の同紙と比べたら、これは格段の進歩だ。同3月13日付夕刊の1面トップでは、7日に自殺したとみられる理財局の男性職員(50)が、「文書を書き換えさせられた」旨のメモを残していたことも最初に報道。やはり官邸べッタリだったNHKが同15日夜のニュースで、そのメモの詳細――「このままでは自分1人の責任にされてしまう」などの――を伝えることになったのも、「読売」に刺激された結果かもしれない。

自殺者はこの職員以外にもいるという。これほど馬鹿げた事件で自殺者を出してしまったことは、それだけで私たちの社会の敗北だ。

本稿が読者に届くまでには、佐川氏の証人喚問も行われていよう。彼までを生贄《いけにえ》にされてしまうことのないうちに、一日も早く真っ当な政治を獲得するための報道に徹することこそが、ことここに至るまで安倍政権を長引かせてきた大きな責任を負う、ジャーナリズムにできる唯一の償いだ。

(2018年3月26日)

もう一言

佐川氏の証人喚問は2018年3月27日に衆参両院で開かれた。すでに依願退職することが決まっていた彼は、それでも「刑事訴追を受ける可能性がある」として証言拒否を連発。自らに全責任があるとだけ繰り返して、首相や首相夫人ら政権首脳の関与を全否定した。森友学園問題では大阪地検特捜部が佐川氏をはじめ有印公文書偽造・同行使などの容疑で告発された38人の官僚らを不起訴処分にしていたが、19年5月、大阪第一検察審査会が「不起訴不当」とする議決書を公表している。

加計疑惑でも期待される新聞の本領発揮

朝日新聞が森友文書改竄《かいざん》問題に引き続き加計《かけ》問題でも独走している。学校法人加計学園による愛媛県今治市での獣医学部新設計画について、県と市の職員らが柳瀬唯夫首相秘書官（当時）と面会した際、柳瀬氏が「本件は首相案件」と発言したとする記録文書の存在を暴いたのが2018年4月10日付朝刊。中村時広愛媛県知事が文書の作成を認めるや、翌11日付朝刊でその全文と詳細な解説を掲載し、12日付朝刊では再び森友学園の国有地売却問題で、地下のゴミの量を8億円の値引き幅に合わせて積算するよう近畿財務局が大阪航空局に依頼していたことも暴き出した。

近年の新聞業界には、消費税の軽減税率をめぐる政権へのオネダリをはじめ、読者の信頼を損なう行為ばかりが目立っていた。本書でもかなり批判してきたが、最近の「朝日」は凄い。脱帽する。ただ、これだけの報道ができる新聞が、最悪の政権を長期間のさばらせ続けた責任は永久に残る。肝に銘じておいてもらいたいと思う。

「朝日」に次ぐのは東京新聞か。4月10日付朝刊では加計の計画に国家戦略特区を使おうと提案したのは内閣府だった事実をすっぱ抜いた。12日付朝刊では、県や市が柳瀬秘書官に面会する直前、その予定を首相官邸が文部科学省に伝えていたとも報じた。柳瀬氏は「(面会した）記憶がない」などと空とぼけているが、もはや人間でいられるかどうかの瀬戸際である。

「毎日」は出遅れた。「クローズアップ2018」などでの解説は読み応えがあったが、今後は本線での本領発揮を期待したいところだ。公私混同と嘘しかない安倍政権は、すでに政府の体《てい》をなしていない。一連の問題は、この集団が政権を担う資格など持ち合わせていないことの証明にほかならない。

にもかかわらず、それでも安倍政権に忠誠を誓い続けているのが「読売」と「産経」だ。「朝日」のスクープの翌11日から13日までの両紙の朝刊1面トップを。〈首相「加計」関与を否定／集中審議〉〈加計学園／首相　働きかけ否定／面会記録　真偽は触れず〉〈シリア　米露対立深まる／英仏も軍事行動構え〉（「読売」）。〈加計文書に「首相案件」／面談「元秘書官が発言」〉〈交番で警察官撃たれて死亡／滋賀・彦根19歳同僚逃走〉〈海保　尖閣航空要員を増強／新型2機60人増、哨戒《しょうかい》強化〉（「産経」）……。

何事もなかったことにしたい政権の意向そのまま。「産経」はそれまでも1面を関係のない話題で埋めるのに躍起で、カジノの入場料が6000円になるとか、東京五輪の開幕前日を祝日にする話、パワハラ事件で騒がれたレスリングの栄和人氏の強化本部長辞任とかといった小ネタをトップにしていたのだから、お話にもならない。

「日経」も酷《ひど》いものだ。11日～13日付の朝刊1面トップは、〈転職で賃金増広がる〉〈外国人　実習後に就労資格〉〈企業年金も人生100年時代〉ときた。一応は経済専門紙だから、「読・産」と一緒くたにはしにくいが、それにしても……。

（2018年4月23日）

もう一言

「朝日」のモリ・カケ報道を一冊にまとめた『権力の背信』（朝日新聞出版、18年）は、こう結ばれている。〈政治や行政が、主人公である国民のために公平・公正に行われているのか。国民に事実が明らかにされているのか――。／私たちジャーナリズムの存在意義は、ここがなおざりにされていないかを常に監視し、疑問があれば解き明かしていくことにあると考える〉。意気や壮、と拍手を送りたい。残される重要な問題は、その志をどこまで持続できるのか、である。

「ひよっこ」から目が離せなかったわけ

――1966（昭和41）年6月29日、ビートルズ武道館公演の前夜。主人公のみね子（有村架純）が働く洋食店は警備員らの赤飯弁当600食を請け負い、箱詰め作業を急いでいた。休憩。シェフ（佐々木蔵之介）が、ビートルズ見たさに上京していたみね子の叔父・小祝宗男（峯田和伸）に尋ねる。

「お前、戦争中、どこにいた？」

NHK朝の連続テレビ小説「ひよっこ」（2017年度上半期）だ。最近、やたら登場人物が多く、さして面白いストーリーでもないこのドラマから目が離せない自分がいる。理由は後にして、17年7月4日放送分の再現をもう少し。

――宗男はインパール作戦★の生き残りだった。飢えと英軍の猛反撃に死を覚悟した夜、斥候《せっこう》（偵察）を命じられた宗男は、密林で1人の英軍兵士と出くわしたと言う。

「俺と同じぐれえの年頃だ。遠くから向こうの仲間の声がして、そいつが何か仲間に言った。そしたら、俺を見てニッコリ笑って、そのまま仲間の方に走っていった。なんでかは、わかんねえ……が、俺はそれで死なずに済んだんだ」。見逃してくれたのか。だが逆に、宗男が銃を撃っていたら、英軍兵士の命もなかったことになる。

「で、ビートルズだ。ちっきしょう、またイギリスかよ！　俺は笑って生きてっぞー！　お前も生きてるかーってな」。みね子は何も言わない。ただ宗男を見つめ、微笑んでいる……。

『ひよっこ』の魅力とは、つまり、これだ。戦争体験に限らない。右肩上がりだった、人々が未来

★第2次世界大戦中の1944年、旧日本軍が英領インド東部の攻略を図ったが叶わず、参加した10万人の大部分が死傷した。史上最悪の作戦といわれる。

に夢を紡ぐことができた云々《うんぬん》と紋切型で語られがちな高度成長期の東京が舞台でも、このドラマは登場人物の一人ひとりがそれぞれに重いものを背負いつつ、懸命に生きていく様子を丁寧に描いている。

もうひとつは、64年東京五輪の扱いだ。放送前の番宣ではみね子が五輪景気の出稼ぎで行方不明になった父親を捜す話だとばかり聞かされたから、またぞろ国策礼賛のプロパガンダかと呆《あき》れていた。実際、２０１５年後期の「あさが来た」は富国強兵・殖産興業期の、16年後期の「べっぴんさん」は高度成長期の、いずれも「女性の活躍」がテーマになっていた。前者の主人公が財閥令嬢、後者のクライマックスが１９７０年大阪万博というのにも腹が立った。

ところが今回は違う。東京五輪など行方不明の背景でしかない。物語はむしろ、その反動としての昭和40年不況で激しく動き出す。みね子が集団就職した最初のラジオ工場は倒産してしまった。

脚本を担当する岡田恵和氏は、大ヒットさせた01年の朝ドラ「ちゅらさん」で、沖縄を舞台にしながら米軍基地の問題を素通りし、異国情緒を強調したことで状況の固定化を促進する結果をもたらしたとの批判を浴びたことがある。彼の表現者としての成長を、ポスト籾井体制のＮＨＫが受け入れたことの意義は大きい。歓迎したい。

（２０１７年7月24日）

もう一言

このドラマに対する、おそらくは筆者とも重なる思いを、同世代のコラムニスト・堀井憲一郎氏が、こんなふうに綴っていた。〈物語は、夢など抱いていないふつうの女の子を描いている。その描き方が、見ている私の不思議なところに届く。底知れぬ共感を呼ぶ。夢や希望を追うばかりが日本人の人生ではないだろう、と静かに強く訴えているようにおもえる。／だからこそ、見ていてすごく元気になれる。すばらしい〉（『現代ビジネス』２０１７年6月17日配信）。同感である。

『文藝春秋』よ、真っ当な保守であってくれ

リオ五輪でスポーツ紙と化した新聞には★、もはや言うべき言葉もないので、今回は雑誌の話題だ。『文藝春秋』2016年9月号が面白い。「戦争を知らない世代に告ぐ　戦前生まれ115人から日本への遺言」と題する大特集のことである。

厳密には終戦記念日以前に生を受けた先人たちに、未来を見据えた苦言・提言・諫言《かんげん》を書かせた。というだけならありがちな企画だが、この特集では意外な人が意外な考えを述べていた。

「これからは日本に住む人々が前向きに充実した生活ができる、豊かさを実感できる社会づくりをしてほしい。恵まれない人々に対しては社会がこれを支える」。

オリックスの宮内義彦・シニアチェアマンの言葉だ。かつての政府の規制改革会議の議長で、小泉構造改革の旗頭の1人だった自己責任論の亡者とも思えない。

「再びポピュリズム、全体主義、排他主義等――の誘惑にさそわれないためには、かの大正デモクラシーの時代に養われた人格主義、知性主義、教養主義を現代的に復活、再生する必要がある」とは読売新聞グループの渡辺恒雄代表。安倍晋三政権と結託して国民に反知性主義を浸透させた張本人が。

どうも言行不一致という以外の形容が見当たらないが、無理やり好意的に解釈すれば、ここに来て己のしてきたことの罪深さに気がついた、のかもしれない。格差社会と戦時体制が混然一体となりつつある現状は彼らが導いたとさえ言えるのだから。だとしても当たり前の人の道でしかなく、褒めてやる筋合いの話ではないけれど。

★リオに限らない。五輪やサッカーW杯など、国際的なスポーツ大会のたび、一般紙の紙面がその話題で占められ、重要なニュースが無視されがちな状況を指している。

反対に、事前の期待を見事に裏切ってくれた人も多い。岸恵子、伊東四朗、堀江謙一……の各氏らだ。伊東光晴、森本敏の各氏ら、専門家の範を弁《わきま》えた人々には好感が持てる。「野球の行く末が心配」と始めておきながら、結局は現役時代の自慢で落とした金田正一氏のぶっ飛びぶりには笑った。もっとも、専門家然と振る舞うポーズで、その実、ただ単に保身を図っているだけらしい人が珍しくないのも世の中か。他にも共感した話、つまらな過ぎて読んだのを後悔させられた話が盛り沢山だ。

最高だったのが特別枠の、故・永六輔氏による、2007年の同誌に掲載された論考の採録。「きわめつけは『美しい国、日本』。すごく上滑りな感じがして恥ずかしい。でも、あれが恥ずかしくない人も沢山いるらしいんです」。美しい云々《うんぬん》は当時の第1次安倍政権が掲げたスローガンだが、その元になった『美しい国へ』なる安倍氏の著書の版元も、同じ文藝春秋だったのに。

文春といえば、『週刊文春』が先の東京都知事選で野党連合が推した鳥越俊太郎候補（ジャーナリスト）に対する真偽不明の攻撃★★で、〝権力のパシリ〟に徹した醜態が記憶に新しい。社内で「本誌」と呼ばれ、かねて〝国民雑誌〟の異名を取っていた月刊文春だけでも真っ当な保守であろうとしてくれるなら、とても嬉しい。

（2016年8月29日）

★★選期間中の『週刊文春』（7月28日号）に女子大生との淫行疑惑が載った。鳥越氏は名誉毀損と公職選挙法違反で刑事告訴したが、嫌疑不十分で不起訴処分に。

もう一言

この2016年の暮れ、文春の松井清人社長（当時）は保阪正康氏（昭和史研究家）の出版記念パーティーで、安倍政権を「〝右翼的独善〟の象徴みたいな政権」と形容し、マスコミ界の話題になった。筆者も松井氏本人に確認し、その後の誌面がかつての鷹揚《おうよう》さを取り戻しかけていく様子を喜んでいたのだが、やがて18年春、同社の内紛が発覚。独裁体制を敷いていた松井氏と、対立した役員らが揃って退任に追い込まれた。筆者にとって「文春」は古巣だが、もう遠い過去になったということか。

「私は」で始まる記事を書く新聞記者

2017年11月中旬から現在にかけて、この国のマスメディアは大相撲横綱・日馬富士の暴力事件で持ちきりだ。特殊な格闘技の世界にお茶の間の常識をそのまま当てはめる〝報道〟には、いささか違和感がある。いや、いくらなんでもしつこ過ぎはしないか。

報道の大半が相撲界の内輪もめに占められた、ということは、その分だけ重要なニュースが脇に追いやられた。人々の目から遠ざけられ、隠されたということだ。

たとえば11月22日に会計検査院が公表した、森友学園への国有地売却に関する検査結果。財務省の理財局長に近畿財務局と学園側の価格協議らしき音声データの存在を認めさせた、つまり森友疑惑が焦点となった27〜30日の両院予算委員会。さらには翌月5日、東京地検特捜部が助成金詐欺の疑いで逮捕したペジーコンピューティング社長・齊藤元章容疑者等々。

齊藤容疑者は、準強姦《ごうかん》容疑による逮捕を官邸筋の圧力で免れた元TBS支局長のパトロンとして知られる。自身も政権中枢に取り入り、経済財政諮問会議の「2030年展望と改革タスクフォース」の委員を務めるなどしていた。

安倍政権のマイナスになる話題を、とりわけテレビの情報系番組は黙殺したか、矮小《わいしょう》化した。もはや日馬富士騒動の〝報道〟が溢《あふ》れたのは、官邸の指示ではないかとさえ思えてくる。今や日本のメディアは、北朝鮮か、旧ソ連におけるそれに近いのかもしれない。

そんなことを考え、天を仰いでいる時、沖縄タイムス（17年12月4日付）の1面コラム「大弦小

★2017年10月、モンゴル人力士らの酒席で、後輩の貴ノ岩を平手とカラオケのリモコンで数十回も殴打した。世間の風当たりは厳しく、日馬富士は同年11月に引退。

弦」を目にして、ハッとした。それによれば、神奈川新聞の石橋学記者は、ヘイトスピーチの取材を続けているうち、「私は」で始まる記事を多く書くようになった、という。客観報道の原則に囚《とら》われて両論併記でお茶を濁すパターンも目立ちがちな新聞記者としては、掟破りの取り組みだ。〈そもそも、何のために書くのか。「私は差別をなくすというゴールに向かって書く。地域の一人一人を守るのが地方紙の役割だから」と話す▼そのために、前例を超えて伝え方を模索している。偏っているという批判に「ええ、偏っていますが、何か」「すべての記事は誰かにとって偏っている」と答えた2年前の記事には、多くの共感がよせられた〉。

他紙の記者にも学んで、この日の「大弦小弦」を担当した阿部岳記者は結んでいた。〈ヘイトスピーチは差別、沖縄の基地集中も差別。私も差別をなくすために書く〉のだ、と。

ほとんど絶望的とも思えるメディア状況にあっても、こういう記者たちは生き残っているのだと知って、嬉しくなった。とはいえ、あまりにも少数派になってしまっている現実は否めない。

読者、視聴者はその分よほど賢くなって、記事や番組を吟味しながら読み、見る努力を怠らないでほしい。でないと、何者かに支配され、操られるだけの人生に陥らされると承知しておこう。心からのお願いである。

（2017年12月18日）

もう一言

日本の新聞報道は無署名の記事が多い。中立性を保ちやすい反面、責任の所在が曖昧《あいまい》になりやすく、政権与党や警察・検察をはじめとする権威に寄りかかりたがる傾向があるとは、かねて指摘されてきた問題である。フリージャーナリストの場合は署名で書けるようになれなければ商売にならないが、筆者はある時期から一歩進めて、自らの主張を躊躇《ためら》わないようになり、今日に至っている。それもまた時と場合によりけりだが、なおも無署名が中心の新聞には、あらためて考えてもらいたいと思う。

元日紙面にスクープ記事を

新年あけましておめでとうございます。先行きの見えない2017年を占う意味で、元日付の在京紙各紙を検討してみましょう。まずは社説の見出しから――。

「朝日」〈憲法70年の年明けに／「立憲」の理念をより深く〉
「読売」〈反グローバリズムの拡大防げ／トランプ外交への対応が必要だ〉
「毎日」〈歴史の転機　日本の針路は／世界とつながってこそ〉
「日経」〈揺れる世界と日本①／自由主義の旗守り、活力取り戻せ〉
「東京」〈日本の平和主義／不戦を誇る国であれ／年のはじめに考える〉
「産経」〈年のはじめに／自ら日本の活路を開こう〉

もっとも「産経」は、1面中央に石井聡論説委員長の署名で。「主張」を通しタイトルとする通常の社説スタイルは採られていなかった。

いずれもトランプ新政権の誕生に伴う波乱の幕開けを予感している。本欄の読者なら、それぞれの内容にもおよその見当がつくと思われるが、ここでは特に「毎日」社説の一部を抜粋しておきたい。〈グローバル化がもたらす負の課題は、グローバルな取り組みでしか解決し得なくなっているのだ。日本は率先してその認識を広めたい。／ただし、戦略的に国際協調の路線を歩むには、足元の安定が欠かせない。日本の弱点がここにある〉。

1面のソデに掲載された小松浩主筆のコラム「希望を持って前へ」と併せて読むと、より味わい深い。〈まず、軸足を定めることだ〉〈自分たちはどんな世界を望むのか、それをはっきり心に描こう〉。含蓄のある指摘だ。〝内向き〟と言われるトランプ新大統領への違和感を強調し、グローバリゼーションこそ最高なんだと対抗した「読売」や「日経」と比較されたい。〈武力によらない平和を求めずして安定した平和秩序は築けない。武力でにらみあう平和は軍拡をもたらすのみです。理想を高く掲げずして人類の前進はありえないのです〉。一方、こちらは「東京」社説の結びの部分。平和論に徹する姿勢が清々しかった。

元日の紙面で残念だったのは、1面トップにスクープ記事が見当たらなかったことだ。かつての新聞記者は元日紙面こそ最高の舞台と心得、抜かれた側は新年早々に素面《しらふ》で後追いの屈辱を強いられる、互いを鍛え合う風物詩が見られたものだったが。

4紙が連載企画の初回を1面トップに据えた。「我々はどこから来てどこへ向かうのか」(「朝日」)、「現場報告　トランプと世界」(「毎日」)、「断絶を超えて」(「日経」)、「包容社会　分断を超えて」(「東京」)……。どれも力作だったが、なんだか寂しくもある。血のしたたるようなスクープに鼻高々の記者と、お屠蘇《とそ》のほろ酔い機嫌でこれを楽しむ読者の関係こそ、健全な社会には不可欠だ。今年もよろしくお願いいたします。

(2017年1月16日)

もう一言

〝世紀の元日スクープ〟といえば、1969年の読売新聞が飛ばした、三菱銀行と第一銀行の合併話が有名だ。頭取同士の極秘交渉を察知し、裏を取った同紙経済部の大仕事。正真正銘の事実だったが、結果的に誤報となってしまう。第一の井上薫会長が、大三菱に呑み込まれることを恐れ、近い関係にある古河・川崎の両グループを巻き込んで潰したとされる。高杉良の経済小説『大逆転!』のモデルにもなった。産業専門紙時代の筆者は、いつかは俺も、と夢見ていたが、叶《かな》わなかった。

朝日新聞

2018年（平成30年）3月2日 金曜日

森友文書 書き換えの疑い

財務省、問題発覚後か

交渉経緯など複数箇所

学校法人・森友学園（大阪市）との国有地取引の際に財務省が作成した決裁文書について、契約当時の文書の内容と、昨年2月の問題発覚後に国会議員らに開示した文書の内容に違いがあることがわかった。学園側との交渉についての記載や、「特例」などの文言が複数箇所でなくなったり、変わったりしている。複数の関係者によると、問題発覚後に書き換えられた疑いがあるという。

内容が変わっているのは、2015～16年に学園と土地取引した際、同省近畿財務局の管財部門が局内の決裁を受けるために作った文書。1枚目に決裁の完了日や局幹部の決裁印が押され、2枚目以降に交渉経緯や取引の内容などが記されている。

朝日新聞は文書を確認。契約当時の文書と、国会議員らに開示した文書は起案日、決裁完了日、番号が同じで、ともに決裁印が押されている。契約当時の文書には学園とどのようなやり取りをしてきたのかを時系列で書いた部分や、学園の要請にどう対応したかを記述した部分があるが、開示文書ではそれらが項目ごとなくなったり、一部消えたりしている。

また、契約当時の文書では、学園との取引について「特例的な内容となる」「本件の特殊性」と表現。

財務省は国会で学園との事前の価格交渉を否定し続けているが、「学園の提案に応じて鑑定評価を行い」「価格提示を行う」との記載もあった。開示された文書では、これらの文書もなくなっている。

昨年2月、大幅に値引きされて土地が学園に売却された問題を朝日新聞が報道。国会で野党が「学園に便宜が図られたのではないか」などと追及し、財務省は否定する答弁を繰り返していた。関係者によると、文書の内容が変わったのは、昨年2月下旬以降とみられる。これらの文書の一部は国会議員からの求めに応じて開示された。

土地取引の決裁文書は保存期間が最長30年。会計検査院の検査に提出を求められることもある。決裁後の変更は、意思決定の経緯を検証できるようにすることを求める公文書管理法の趣旨に反するおそれもある。

一連の問題をめぐっては、大阪地検特捜部が背任容疑の告発を受理して昨年9月以降、関係者への任意の事情聴取を本格化。文書管理をめぐる公用文書等毀棄容疑や証拠隠滅容疑の告

国会議員らに開示された、森友学園との国有地取引の際に財務省が作成した決裁文書（個人情報にモザイクをかけています）

裁量労働 来年以降に

首相、今国会の提出断念

関東では1日、各地で気温が上が

森友学園に財務省が国有地を大幅に値引きして払い下げた問題が発覚した後、同省が取引き関連の決裁文書を改竄していたことを暴いた「朝日」2018年3月2日付（210ページ参照）。同紙に悪罵を投げつける人々はいたが、結果的に財務省は改竄の事実を認めた。本来のジャーナリズムの役割を示した出来事といえる

斎藤貴男（さいとう・たかお）
1958年、東京生まれ。ジャーナリスト。早稲田大学商学部卒業。英国・バーミンガム大学大学院修了（国際学MA）。「日本工業新聞」記者、『プレジデント』編集部、『週刊文春』記者を経てフリーに。
『戦争経済大国』（河出書房新社）、『国民のしつけ方』（集英社インターナショナル）、『戦争のできる国へ――安倍政権の正体』（朝日新聞出版）、『「東京電力」研究　排除の系譜』（角川文庫）、『税が悪魔になるとき』（新日本出版社、共著）、『機会不平等』『民意のつくられかた』（岩波現代文庫）、『カルト資本主義　増補版』『決定版　消費税のカラクリ』（ちくま文庫）など著作多数。2021年３月には初の児童書『いちばんたいせつなもの』（新日本出版社）を刊行。

驕《おご》る権力《けんりょく》、煽《あお》るメディア

2019年７月25日　初　版
2022年１月25日　第３刷

著　者　斎藤貴男
発行者　田所　稔

郵便番号　151-0051　東京都渋谷区千駄ヶ谷4-25-6
発行所　株式会社　新日本出版社
電話　03（3423）8402（営業）
03（3423）9323（編集）
info@shinnihon-net.co.jp
www.shinnihon-net.co.jp
振替番号　00130-0-13681
印刷・製本　光陽メディア

落丁・乱丁がありましたらおとりかえいたします。

ISBN978-4-406-06366-1 C0036　Printed in Japan